EMIL BRUNNER

DAS ÄRGERNIS DES CHRISTENTUMS

EMIL BRUNNER

DAS ÄRGERNIS DES CHRISTENTUMS

FÜNF VORLESUNGEN ÜBER DEN CHRISTLICHEN GLAUBEN

THEOLOGISCHER VERLAG ZÜRICH

Diese Vorlesungen wurden als Zenos lectures am MC Cormick Seminary in Chicago und als Robertson lectures in Glasgow in englischer Sprache gehalten. Sie erscheinen jetzt erstmalig in deutscher Sprache. Für die Besorgung dieser Ausgabe bin ich meinem Sohn, Pfarrer Dr. Hans Heinrich Brunner, zu Dank verpflichtet.

1. Auflage 1957
2. Auflage 1960
3. Auflage 1988

CIP Kurztitelaufnahme der Deutschen Bibliothek

Brunner, Emil:
Das Ärgernis des Christentums :
5 Vorlesungen über d. christl. Glauben / Emil Brunner -
3. Aufl. - Zürich : Theol. Verl., 1988
Einheitssacht.: The scandal of Christianity <dt.>
Früher im Zwingli-Verl., Zürich, Stuttgart
ISBN 3-290-10020-0

INHALT

I. KAPITEL

Geschichtliche Offenbarung

Bei der Formulierung des Themas stellte sich mir die Frage, ob ich die Mehrzahl oder die Einzahl des Wortes Ärgernis wählen solle. Jedes der fünf Themen, die wir uns vornehmen, bedeutet ein «Ärgernis» in dem Sinne, den ich sofort umschreiben werde. Darum müsste man eigentlich von einer Mehrzahl von Ärgernissen reden. Auf der andern Seite ist wiederum zu sagen, dass zwar jedes dieser Probleme in sich geschlossen ist, aber das mit den andern gemeinsam hat, was mit dem Wort Ärgernis gemeint ist.

Es mag merkwürdig erscheinen, dass das Wort Ärgernis im Zusammenhang mit der christlichen Botschaft gebraucht wird. Hier wird dieses Wort in seinem ursprünglichen neutestamentlichen Sinn verwendet. «Für Juden ein Ärgernis, für Heiden aber eine Torheit» nennt Paulus in seinem 1. Brief an die Korinther (1, 23) das Zentrum des ganzen Evangeliums, das er predigt. Die Christusbotschaft ist demnach eine Grösse, gegen die sich der natürliche Mensch auflehnt und an der er Anstoss nimmt, obschon es die frohe Botschaft für alle Welt ist. Warum ist das so?

In den synoptischen Evangelien lesen wir mehrmals, dass Jesus im Umgang mit Besessenen auf erbitterten Widerstand stiess, als ob er in feindliches Territorium eindringen wollte. Dieses Territorium – die menschliche Seele – ist bereits von einem bösen Geist besetzt, der es für sich beansprucht, und sich dabei sozusagen auf eine rechtliche Grundlage stützt. Nach neutestamentlicher Lehre ist eine solche Besessenheit durch eine dunkle Macht für die menschliche Seele kein Ausnahmezustand, der nur bei jenen zu finden wäre, die «Besessene» genannt werden, obschon sie dort in einer besonders schweren und extremen Form auftritt. Sie ist der Zustand des natürlichen Menschen überhaupt, der durch seine Sünde, d. h. durch seine Loslösung von seinem Gott und Schöpfer, der Sklave der Macht der Finsternis und der Rebellion gegen Gott geworden ist.

Ein solches Bild des natürlichen Menschen ist selbstverständlich für den gewöhnlichen Gebildeten unserer Zeit äusserst abstossend. Allerdings kann wohl gesagt werden, dass die Schrecken, die die Welt in den letzten Dezennien durchgemacht hat und jene die offenbar noch vor uns liegen, einen guten Teil unserer Zeitgenossen gegenüber der typisch modernen Sicht von der Güte des Menschen äusserst skeptisch gestimmt haben und der Bereitschaft Wege öffneten, dem Neuen Testament mehr Wahrheitsgehalt zuzugestehen als den Lehren eines Rousseau und seiner Nachfolger. Seit dem Anbruch der Aera der totalitären Staaten hat die Welt einen solch ungeheuren Aufbruch dämonischer Kräfte erlebt, dass das selbstgefällige Bild der menschlichen Höherentwicklung aufs schwerste diskreditiert wurde.

Bei näherem Einblick in die Geschichte der neuesten Zeit erkennen wir eine mehr oder weniger kontinuierliche geistige Entwicklung, die ihren Höhepunkt in den gegenwärtigen Verhältnissen gefunden hat. Die geistige Entwicklung der westlichen Welt, die mit Worten wie Säkularismus, Naturalismus und Nihilismus gekennzeichnet werden, konnte nicht anders als in solchen Katastrophen und Zusammenbrüchen enden. Umgekehrt ist festzustellen, dass die moderne Bewegung von Gott und seinem Gesetz weg, im Grunde nichts anderes ist, als das, was die Bibel Sünde nennt. Es muss uns nämlich klar sein, dass der neutestamentliche Begriff der Sünde nicht dem modernen, d. h. moralistischen Gebrauch dieses Wortes entspricht, sondern die ganze menschliche Existenz, sein ganzes Selbstverständnis, seine Philosophien, Ideologien und religiösen Anschauungen, wie auch sein ganzes persönliches Leben umfasst. Weil die ganze menschliche Existenz verdorben ist und unter der Herrschaft gottwidriger Mächte steht, ist ihr der Widerstand gegen das Evangelium Christi sozusagen aufgezwungen. Aus diesem Grunde und in diesem Sinn spricht Paulus von der «Torheit» und vom «Ärgernis» der Botschaft von Christus.

Nun hat aber diese gottlose, feindliche Einstellung des Menschen gegenüber dem Evangelium in jedem Zeitalter ihre spezifische Gestalt und Ausdrucksform. Sie hat in verschiedenen Zeitaltern auch ihre unterschiedliche Dynamik. Dies ist im besondern der Fall im modernen Zeitalter, das aus Gründen, die im Moment nicht analysiert werden können, ein besonders fruchtbarer Boden für die Entwicklung dieser Widerstandskräfte ist. Das moderne Denken hat seine spezifischen Argumente gegen die Wahrheit des Evangeliums. Darum ist auch das Ärgernis – oder die Ärgernisse – von besonderer Art. Der moderne Mensch nimmt an der Botschaft des Evangeliums in anderer Weise Anstoss als frühere Generationen, obschon die Grundstruktur seiner Gegnerschaft dieselbe ist, auf die die Apostel und Jesus selbst Bezug nehmen. Ich möchte versuchen einige der wichtigsten und zugleich am meisten

Ärgernis erregenden Lehren des christlichen Glaubens im Gegenüber zu diesen spezifisch modernen Antithesen zu entwickeln.

Unter den Gebildeten unserer Zeit gibt es eine wachsende Zahl von solchen, die die Bedeutung der Religion für das geistige und soziale Leben der Menschheit anerkennen und die selber religiösem Denken und Empfinden nicht fern sind. Unter ihnen sind viele, denen persönlich Religion etwas Wesentliches und Unentbehrliches bedeutet. Man darf wohl behaupten, dass die Bewegung zum krassen Materialismus, aber auch der Agnostizismus und Positivismus ihren Höhepunkt überschritten haben. In der geistigen Elite finden sich mehr und mehr Menschen, die sich zu einem religiösen Glauben bekennen. Fragen wir aber, was sie unter Religion verstehen, so lauten die Antworten nicht nur höchst verschieden, sondern meist merkwürdig unbestimmt. Nur in einem Punkt besteht ein weitgehender Consensus: in der Ablehnung aller dogmatischen Religion. Sieht man genauer zu, was hinter dieser Ablehnung des Dogmatischen steckt, so entdeckt man als ihre Wurzel die Verneinung einer geschichtlichen Offenbarung. Das ist es in erster Linie, was sie vom bestimmten christlichen Glauben trennt. Sie wollen nichts wissen von dieser Bindung an ein Geschichtlich-Einmaliges, sie wollen religiöse Unmittelbarkeit. Gewiss, ein Ewiges, ein Göttliches, einen übergeschichtlichen Sinn allen Seins und Geschehens suchen sie und behaupten sie; es geht ihnen darum, irgendwie dieses Jenseitig-Göttliche zu erfahren, auf irgendeine Weise mit ihm in Beziehung zu treten, von ihm bewegt, erfüllt, belebt und emporgehoben zu werden. Aber sie wollen diese Erfahrung des Göttlichen als eine gegenwärtige, unabhängig von einem Geschehnis früherer Zeiten. Die Bindung des traditionellen christlichen Glaubens an eine Geschichte der Vergangenheit, an eine Person und an Ereignisse, die dort und damals gewesen sind, erscheint ihnen überflüssig und hinderlich, ja sogar unwürdig und ausserdem unsicher. Sie möchten das Ewige als ein wirklich Ewiges, also nicht an die Zeit Gebundenes; das Göttliche als ein wirklich Göttliches, also nicht an einen Menschen gebunden; die Erfahrung des Göttlichen hier und jetzt, darum nicht vermittelt durch etwas, das dort und damals war. Sie halten es mit Fichte: Nicht das Historische, sondern allein das Metaphysische macht selig. Oder mit Lessing: Es können geschichtliche Tatsachen kein Beweis für ewige Vernunftwahrheiten sein. Und sie stimmen Albert Schweitzer zu, der darum, weil er als kritischer Historiker die Unzuverlässigkeit und Unsicherheit aller geschichtlichen Überlieferung kennt, die Grundlage der Religion für den heutigen Menschen in etwas sucht, das unabhängig ist vom geschichtlichen Wissen und Zweifeln. Somit ist die Form des Religiösen, dem der heutige Mensch zustrebt, vor allem die Mystik. *Sie* ist Religion der Unmittelbarkeit, der reinen Gegenwärtigkeit. Sie ist frei vom Geschichtlichen. Oder aber es ist eine Religion, die sich irgendwie an die Ideenlehre Platos anschliesst: Erkenntnis eines Göttlichen in den Tiefen des Geistes, in zeitlos ewigen Wahrheiten, auf die uns tiefere Selbstbesinnung führt. Oder endlich es ist jener rationale Theismus, der in den Tatsachen der göttlichen Gesetzmässigkeit der Naturwelt oder in der Stimme des sittlichen Gewissens die Gottheit als den Schöpfer dieses Seins und als den sittlichen Gesetzgeber findet. Auch sie wollen Offenbarung; denn nur auf Offenbarung gegründete Religion kann ja auf Wahrheit Anspruch erheben. Aber diese Offenbarung soll vom Geschichtlichen unabhängig, soll überall und jederzeit gegenwärtig sein. Das ist die tiefe Kluft, die diese moderne Religiosität vom christlichen Glauben trennt.

Das ist ja der Inhalt des Wortes «christlich»: In diesem Glauben ist die Bindung an eine geschichtliche Person, also an ein geschichtliches Ereignis, zentral. Christlicher Glaube ist Glaube an Jesus Christus als die massgebende Offenbarung. Man kann nicht christlich glauben, ohne an diesen Punkt der Vergangenheit, der Geschichte zu schauen, ohne die göttliche Offenbarung als eine dort und damals geschehene anzusehen. Die Frage, die wir uns darum von jenen andern her zu stellen haben, die aber auch notwendig in einem jeden von uns entsteht und der wir darum nicht ausweichen können, heisst: Warum denn diese Bindung an eine geschichtliche Offenbarung? Warum denn legt der Christ ein solches Gewicht auf das historische Ereignis? Was meint ihr denn in diesem Geschichtlichen zu haben, das wir – nach eurer Meinung – nicht haben? Ist es nicht gerade umgekehrt: dass die Bindung an die Geschichte ein Hindernis, eine Schranke, ein Minus und nicht ein Plus, eine peinliche Verlegenheit und nicht ein Gewinn ist? Warum haltet ihr also daran fest?

Die erste Antwort, die wir auf diese Frage haben, lautet ganz einfach: Weil wir dort und nirgends sonst die wahre göttliche Offenbarung finden.

Der Gott, an den wir glauben, ist der, den man nirgendwo anders findet als in Jesus Christus. Fragt ihr, warum wir an diese Offenbarung und an diesen Gott, aber nicht an das glauben, was ihr Offenbarung und was ihr Gott nennt, so können wir nur ganz einfach antworten: Darum, weil dieser Gott in dieser Offenbarung uns ergriffen und uns von seiner Wahrheit und Wirklichkeit überzeugt hat und stetsfort überzeugt. Wir glauben so, wie die Christen immer geglaubt haben, nicht weil es uns so überliefert ist, sondern weil wir unsern Glauben einzig und allein von dorther immer wieder bekommen.

Dies ist jedoch nicht unsere einzige Antwort. Wir meinen, auch auf die Frage, was wir denn im Glauben an diese Offenbarung der Geschichte anderes und mehr haben, eine Antwort geben zu können. Wir können und sollen sagen, was uns am Historischen als solchem liegt, und diese Antwort soll nun im folgenden gegeben werden.

1. Das Historische, das im Glauben Irrational-Gegebene, steht in genauer Entsprechung mit dem irrationalen Faktum der Sündenschuld. Es ist etwas in uns geschehen. Wir leben nicht mehr in der ursprünglichen Unschuld göttlicher Schöpfung. Wir sind – das ist das unheimliche Geheimnis unserer Existenz – sündig und damit schuldig geworden. Es ist etwas zerbrochen, es ist ein Riss in der göttlichen Schöpfung eingetreten. Wir fragen jetzt nicht, wie, wann und wo das geschehen ist. Davon soll später gehandelt werden. Wenn es wahr ist, dass es Sünde gibt und dass Sünde Schuld ist, so ist der Riss, die Anomalie, die Verkehrung dessen, was sein sollte, als irrationales, aber unleugbares Faktum da. Was bedeutet das? Nehmen wir an, wir wissen durch irgendwelche unmittelbare Offenbarung, wer Gott ist (eine Annahme, die, wie wir später sehen werden, höchst problematisch ist; wir konzedieren aber argumenti causa, es sei so), dann bleibt doch immer die zweite Frage unbeantwortet, nämlich die Frage, auf die alles ankommt: wie Gott jetzt, nachdem dieser Bruch geschehen ist, sich zu

uns stellt. Das sagt uns die unmittelbare, zeitlos-ewige Offenbarung nicht. Sie sagt uns, wie Gott an sich ist, wie er ist als der, der die Schöpfung gut haben will, als der, der als Ausdruck seines Wesens und Willens das sittliche Gesetz gibt. Sie sagt uns, wie er sich zu uns stellt, wenn wir in dieser seiner Ordnung bleiben. Sie sagt uns aber nicht, wie er sich zu uns stellt, nachdem wir diese seine Ordnung zerbrochen haben. Es ist eine neue Situation entstanden, eine historisch-irrationale Situation, die aus keiner Urordnung ableitbar ist, sondern im Gegenteil zur Urordnung im Gegensatz steht. Darum lässt uns jenes ursprüngliche Wissen, das nur auf die ursprüngliche Situation Bezug hat, völlig im Stich. Das Gewissen sagt uns wohl, was wir tun sollen, was Gottes Forderung ist. Es sagt uns aber nicht, wie Gott sich zu denen stellt, die seiner Forderung ungehorsam geworden sind. Sie sagt uns nicht, wie Gott – um es so banal auszudrücken – auf die neue von uns geschaffene Situation «reagiert».

2. Es gibt wohl eine Möglichkeit, ein solches Reagieren Gottes zu postulieren, indem man es aus einem vorausgegebenen Gottesbegriff ableitet, etwa indem man sagt: Gott ist gütiger Schöpfer. Also wird er uns, seine Geschöpfe, die wir ihm ungehorsam geworden sind, nicht zugrunde gehen lassen wollen. Er kann das nicht, weil er gütig ist. Er sieht also über unsere Schuld hinweg, er vergibt «selbstverständlich». Das kommt aber auf nichts anderes hinaus als auf jenen frechen Ausspruch des Spötters, der auf dem Sterbebett zu sagen wagte: «Dieu pardonnera, c'est son métier». Wer auch nur etwas begreift vom Gewicht des Wortes Sünde und vom Gewicht des Wortes göttliche Majestät und Heiligkeit, der weiss ohne langen Beweis, dass dieses Wort die frechste Verhöhnung Gottes ist,

die es geben kann. Von der Vergebung Gottes können wir von uns aus, durch ein zeitlos-unmittelbares Wissen von Gott, nicht Kenntnis haben. Wie Schuld geschehen ist, so muss auch Vergebung geschehen – oder aber wir bleiben im Ungewissen, wie Gott sich zu uns, den sündig gewordenen, rebellischen Menschen stellt.

3. Tatsächlich entspricht dem auch das Bild jener Religion der Unmittelbarkeit, sei sie mystischer oder spekulativ-rationaler Prägung. Die Begriffe Schuld und Vergebung spielen in ihr überhaupt keine Rolle. Die Schuldfrage wird einfach ignoriert, das heisst aber, man setzt sich über jene Tatsache des Bruches einfach hinweg, so wie ein Kind, das die Mutter angelogen hat und nun denkt, die Mutter werde das nicht so tragisch nehmen oder bald wieder vergessen. Die Beziehung zu Gott wird in einer Weise hergestellt (oder als bestehend gedacht), die von einem Bewusstsein des geschehenen Bruches keine Spur verrät. Um ganz andere Dinge geht es da: um die Ausweitung des endlichen Selbst zum Unendlichen, um die Erkenntnis einer göttlichen Urwahrheit, die mit meinem persönlichen Sein und meiner persönlichen Situation nichts zu tun hat, um die Erfahrung einer göttlichen Gegenwart, in der mein Zustand, also auch meine Schuld, überhaupt nicht in Betracht gezogen wird. Die Religion der Unmittelbarkeit geht, gerade so wie sie keine historische Offenbarung kennt, über das historische Element meiner Situation, über meine Schuld, völlig achtlos hinweg. Sie behandelt die Sünde im Sinne der Schuld als inexistent.

4. Darum ist diese Religion der Unmittelbarkeit ihrem Wesen nach und notwendigerweise Religion der Selbsterlösung. Da diese Behauptung zwar mit einigen Formen der Religion, aber

nicht mit allen, in Übereinstimmung zu sein scheint, sind hier einige Differenzierungen nötig.

Am deutlichsten ist die Religion als Religion der Selbsterlösung zu erfassen in jenem Religionstypus, dem Kant in seiner Schrift «Über die Religion innerhalb der Grenzen der blossen Vernunft» klassischen Ausdruck verliehen hat. Das ist umso erstaunlicher, als in jener Schrift Kant etwas getan hat, was ausser ihm kaum je von seiten eines Philosophen geschehen ist: Er anerkennt, auf Grund einer sehr scharfsichtigen und kritischen Analyse des Begriffs und der Tatsache des Bösen, ein «radikales Böses», einen unerklärlichen Hang zum Bösen, der in jedem Menschen sei und der sich durchaus nicht aus seiner sinnlich-tierischen Natur ableiten lasse. Dieses Böse sei vielmehr eine geistige Tatsache, ein Ungehorsam gegen das sittliche Gesetz, dessen Ursprung geheimnisvoll-unerklärlich sei. Es bedürfe deshalb nicht bloss einzelner sittlicher Willensakte, um aus diesem Bösen herauszukommen, sondern einer Revolution der Gesinnung, einer Grundänderung der sittlichen Verfassung. Es ist bekannt, wie Kant sich wegen dieser Lehre vom radikalen Bösen die schwersten Vorwürfe seiner Zeitgenossen zugezogen hat. Goethe hat ihm diese vermeintliche Konzession an die christliche Lehre sehr übel vermerkt. Und doch hat Kant mit seiner eigenen Erkenntnis nicht ernst zu machen gewagt. Denn wer ist es, der nach seiner Anschauung jene «Revolution der Gesinnung» vollzieht? Niemand anders als der Mensch selbst. Etwas in ihm ist nämlich doch nicht von diesem radikalen Bösen verderbt: der innerste Kern, jene sittliche Autonomie des Willens, durch die der Mensch sich selbst das sittliche Gesetz gibt. Von diesem Punkt aus ist jene Revolution der Gesinnung möglich. Der Mensch ist es also

selbst, der sich aus dem Bösen herausarbeitet und sich in die gottwohlgefällige sittliche Haltung zurückzuführen vermag. Die Selbsterlösung ist evident.
Wichtiger als diese rationale Religion Kants ist die Mystik. Ich spreche jetzt nicht von der christlichen Mystik, sondern von der eigentlichen, vom christlichen Offenbarungsglauben unberührten Mystik, wie wir sie in Indien, in Persien, im alten Griechenland und in der Neuzeit finden. Im Grunde ist die Mystik immer und überall sich selbst gleich. Es geht darum, durch Verinnerlichung, durch Versenkung in die Tiefen der Seele, durch Loslösung von den Eindrücken der äusseren Welt, den Weg zu finden zur Erkenntnis oder zur gefühlsmässigen Einheit mit dem göttlichen Sein. Es gibt eine via mystica und diese via, diesen Weg, geht der Mensch. Was immer die verschiedenen Stufen dieses Weges in die Tiefe sein mögen, immer ist es der Mensch allein, der den Weg geht. Gewiss, auch dem Göttlichen wird eine Aktivität zugeschrieben. Es strömt in die Seele des Menschen ein, wenn diese leer geworden ist, so wie die Luft durch das geöffnete Fenster einströmt. Aber diese Selbstentleerung ist das Werk des Menschen; das Göttliche wartet, bis die Bedingung geschaffen ist, in der es einströmen kann. Die Initiative in diesem Prozess liegt ganz allein auf Seiten des Menschen. Es ist Religion der Selbsterlösung durch mystische Versenkung.
5. Eine Ausnahme von dieser Regel scheint die Gnadenmystik Indiens, die sogenannte Bhakti-Lehre des Hinduismus zu machen. Hier spielt das Wort «göttliche Gnade» eine grosse Rolle, und es werden Formeln gebraucht, die geradezu Parallelen zur augustinisch-reformatorischen Lehre von der sola gratia darzustellen scheinen. Wie kann man die gänzliche

Passivität des Menschen und die alleinige Aktivität der Gottheit drastischer zum Ausdruck bringen als dies die sogenannte Katzenregel, die radikale Gnadenlehre gegenüber der Kompromissformel der Affenregel tut? Der Mensch verhält sich, so heisst es hier, nicht wie das junge Äffchen, das sich mit eigener Kraft an der Mutter festhält, die es rettet, sondern wie ein Katzenjunges, das von der Mutter ins Maul genommen und ganz allein durch ihre Kraft und ihr Tun gerettet wird.

Also – so würden wir aus unserer abendländischen Tradition heraus sagen – ganz und gar das augustinische sola gratia gegenüber dem semipelagianischen Synergismus! Also radikale, kompromisslose Gnadenreligion, radikale Absage an die Selbsterlösung. Sieht man aber genauer zu, so erweist es sich, dass auch hier in Wirklichkeit nichts anderes geschieht als in aller Mystik. Der Mensch gibt sich durch mystische Versenkung an die göttliche Macht hin. Von Sündenschuld und von Vergebung der Schuld ist auch hier nicht die Rede, sondern lediglich von der Einswerdung mit der Gottheit. Der Bruch zwischen Gott und Mensch ist nicht anerkannt, und eine Neusetzung, eine Vergebung der Schuld, findet nicht statt. Es geht um ganz andere Dinge. Es geht auch hier wie in aller Mystik um die Entschränkung des menschlichen Ichs, um das Einswerden mit Gott. Mag auch der Mensch bei diesem Einswerden ausschliesslich die Wirksamkeit der Gottheit empfinden und sein eigenes Tun keineswegs in Anschlag bringen, so besteht doch die göttliche erlösende Tätigkeit nur darin, dass etwas Leeres voll wird, dass der Mensch etwas bekommt, das er vorher nicht hatte, nicht aber darin, dass der Bruch geheilt, dass die Schuld vergeben wird. Es gibt im Grund gar keine

Erlösung, keine Befreiung von etwas, das hindernd im Wege steht, sondern lediglich eine Ergänzung, die sich an das anschliesst, was der Mensch von vornherein ist.

Erst recht gilt das von der modernen Mystik, die durch das Erlebnis des Unendlichen, Grenzenlosen, Überzeitlichen bestimmt ist – etwa in der Naturmystik eines Whitman oder der idealistischen Mystik eines Emerson. So verschiedenartig diese Religionstypen im übrigen sein mögen: darin sind sie eins, dass in ihnen die Schuld, d. h. die durch den menschlichen Ungehorsam entstandene Situation, und die Vergebung der Schuld, d. h. die durch Gott geschaffene neue Situation, keine Rolle spielen.

6. Damit ist eines deutlich geworden: Die Religion der Unmittelbarkeit, die nicht auf eine geschichtliche Offenbarungstat bezogen ist und gerade darin ihren Vorzug zu haben glaubt, ignoriert das Grundfaktum der menschlichen Existenz, die Sünde, die ihn von Gott trennt. Wenn es wahr ist, dass der Mensch ein Sünder ist, wenn es wahr ist, dass er selbst den Riss, den die Sünde zwischen ihm und dem Schöpfer gebracht hat, nicht zu beseitigen vermag, wenn es wahr ist, dass der Mensch solche Schuld hat, die er nicht zu beseitigen imstande ist: wenn das alles wahr ist, dann erweist sich die Religion der Unmittelbarkeit als eine Verfälschung der menschlichen Situation. Und dann ist sie, als Religion der Unmittelbarkeit, nur kraft dieser Fälschung möglich.

Das ist es gerade, was durch den Glauben an die geschichtliche Offenbarung zum Vorschein kommt. Wenn wir als Christen sagen: Nur durch einen Eingriff Gottes, nur durch eine Neusetzung, kann die Gottesgemeinschaft wiederhergestellt werden, so ist damit eben gesagt, dass zwischen Gott und dem

Menschen jener Riss besteht. Dann deckt die geschichtliche Offenbarung diese Tatsache auf.

Darum ist der Glaube an die geschichtliche Offenbarung das grosse Ärgernis für den natürlichen Menschen. Der Mensch, von seiner Selbstliebe und von seinem Eigenstolz erfüllt, will ja nicht aufgedeckt werden, will in seinem Stolz unangetastet bleiben. Die geschichtliche Offenbarung anerkennen, bedeutet das Eingeständnis, dass die Wahrheit nicht in uns selbst ist, dass wir von uns aus die richtige Beziehung zu Gott nicht herzustellen vermögen. Die geschichtliche Offenbarung anerkennen, heisst den Riss anerkennen, der zwischen uns und Gott ist, und den nur Gott, nicht wir selbst, heilen kann. Das steht im Gegensatz zur Religion der Unmittelbarkeit mystischer, rationalistischer oder spekulativer Prägung, die in uns selbst die notwendigen Voraussetzungen sieht, um die richtige Beziehung zu Gott herzustellen oder die Hindernisse zu beseitigen, die zwischen unserem jetzigen und dem richtigen Zustand liegen. Weil dem natürlichen Menschen, d. h. aber der menschlichen Eigenliebe und dem menschlichen Eigenstolz, alles daran liegt, diese Ungebrochenheit zu bewahren, das Zugeständnis seiner Unfähigkeit zu vermeiden, versucht er nun seinerseits, die geschichtliche Offenbarung zu diskreditieren. Der durch das Evangelium Angegriffene geht, sozusagen nach dem Satz, dass die Offensive die beste Defensive sei, zum Angriff über. Diesen Angriff führt er vor allem auf folgenden Linien:

Das erste Argument geht von der Ungewissheit alles Geschichtlichen aus. Alle geschichtliche Offenbarung kann, wie alles Geschichtliche, nur bedingte, nicht unbedingte Gewissheit geben. Der Glaube aber braucht unbedingte Gewissheit.

Also darf der Glaube nicht an ein Historisches gebunden werden. Im Falle des christlichen Glaubens stützt sich dieses Argument auf die Resultate der kritischen Bibelforschung, die alle geschichtlichen Grundlagen des Glaubens unsicher gemacht haben. Nichts von den Evangelienberichten – vom Alten Testament ganz zu schweigen – steht zweifelsfrei fest, alles ist von der kritischen Forschung unterhöhlt. Die Bibelkritik hat aus den Evangelien ein Trümmerfeld gemacht. Wer wollte auf diesen Trümmern ein Glaubensgebäude aufrichten?

Das zweite Argument geht noch tiefer. Das Geschichtliche ist eo ipso das Relative. Das Absolute kann nie als solches geschichtlich werden. Die Idee, sagt D. F. Strauss, liebt es nicht, ihre ganze Fülle in einem einzigen Individuum auszuschütten und gegen die andern zu geizen. Jesus Christus mag die göttliche Wahrheit in hohem Masse, in besonders hohem Mass, ja im höchsten Mass ausdrücken – erschöpfen kann er sie nicht. Auch er bleibt als ein Mensch der Geschichte ein bloss relativer Ausdruck des Absoluten. Umgekehrt ist nun aber die Absolutsetzung eines historischen Faktums oder einer historischen Person Mythologie. Der Gedanke, dass Gott Mensch wurde, dass in den Jahren 1 bis 30, ein für alle Mal, die Erlösung der Welt stattgefunden habe, dass Jesus Christus sich zu uns Menschen nicht wie der primus inter pares, sondern als der einzige, der ausserhalb der Reihe stehe, verhalte, dass er der Gottmensch, der Mittler sei – das alles ist Mythologie. Sie verwandelt eine ideelle Wahrheit durch falsche Personifikation, durch Absolutsetzung des geschichtlichen Gewandes, in eine Gottesgeschichte. Gottesgeschichte ist Mythus. Ein Gott, der Mensch wird, und ein Gottmensch, der das fleischgewordene Wort ist – das ist Mythologie, die dem denkenden Menschen unerträglich ist, während sie allerdings für den Ungebildeten, Primitiven eine ganz angemessene Form sein mag, die ideelle Wahrheit zu erfassen. Die Idee eines göttlichen Werdens, auch eines Menschwerdens, ist unvereinbar mit der Idee der Unveränderlichkeit, der Ewigkeit der Gottheit selbst. Sie ist ein Attentat gegen die Erhabenheit der Gottesidee.

Das dritte Argument lautet, die Behauptung einer geschichtlichen Offenbarung mache den Glauben irrational und den Gläubigen intolerant. Was ist das für ein Gott – so heisst der Einwand –, der eines Tages, im Jahr 1 bis 30, das tut und gibt, was die Menschheit schon immer nötig gehabt hätte zu ihrem Heil? Diese Willkür der historischen Offenbarung, die irgendwo, irgendwann, in die dunkle Welt das Licht gibt, aber die Welt, die vordem war und die Welt, die ausserhalb dieses Lichtkreises steht, im Dunkel lässt, wird als unerträglich empfunden. Sie widerspricht der Idee der göttlichen Gerechtigkeit. – Auf der andern, menschlichen Seite muss die Behauptung, dass die Christen allein die volle göttliche Wahrheit besitzen, überheblich und intolerant gegen die andern machen, die, ohne ihr eigenes Verschulden nicht so privilegiert sind, ja, deren Religion vom Glauben dieser Religion als Aberglaube, als abgöttisches Heidentum gewertet wird.

Das sind, soweit wir zu sehen vermögen, die Hauptargumente, die seit den Zeiten des Celsus gegen den christlichen Glauben und sein Zentrum gerichtet worden sind. Was haben wir darauf zu antworten?

Zum Ersten. Gewiss, geschichtliche Berichte haben als solche nur relative Gewissheit. Sie unterstehen der historischen Kritik, ja sogar der historischen Skepsis. Das gilt auch, wie wir wissen, von den Evangelienberichten. Darüber ist nicht zu diskutieren. Die historische Kritik hat tatsächlich aus den Evangelienberichten ein Trümmerfeld gemacht, das nicht mehr zu einem Ganzen zu rekonstruieren ist. Daran vermögen auch die bestgemeinten Harmonisierungsversuche des Fundamentalismus nichts zu ändern. Das Seltsame ist nur dies, dass die Erkenntnis dieser Sachlage auch die kritischsten Historiker unter den Christen nie an ihrem Christusglauben hat irre werden lassen. Der in diesen historisch so prekären Überlieferungen ihnen entgegentretende Jesus ist für sie nach wie vor der Christus, der Sohn Gottes, der Gottmensch. Und die Unsicherheit der historischen Erkenntnis als solcher ändert gar nichts daran, dass ihre Glaubenserkenntnis eine absolute Gewissheit mit sich bringt. Fragen wir, wie das möglich sei, so muss die Antwort lauten: Gott vermag auch durch diese historisch so prekären Quellen hindurch Christus als das fleischgewordene Wort uns mit absoluter Gewissheit zu bezeugen. Die Glaubensgewissheit liegt offenbar auf einer anderen Ebene als die rein weltlich-historische Gewissheit. Durch diese an sich unsicheren Berichte spricht Gott zu uns sein eigenes, ewiges und unbedingt gewisses Wort, so wie – um ein profanes Gleichnis zu gebrauchen – die makellose Schönheit einer Mozartsinfonie uns auch durch das höchst mangelhafte Medium einer Grammophonplatte hindurch zu erreichen und zu beglücken vermag.

Zum Zweiten. An der Mythusfrage scheiden sich die Geister. Hier fällt die Entscheidung. Für das rationale Denken ist nicht nur die Menschwerdung Gottes, sondern überhaupt jeder Gedanke an einen Gott, der sich selbsttätig, initiativ in der Welt kundtut, Mythologie. Das Mythusargument geht gegen den persönlichen, lebendigen Gott als solchen. Ist Gott eine Idee, dann hat das Argument recht. Die Idee kann wirklich nie im Endlichen vollkommen ausgedrückt werden, und die Ausdrücke der Idee unterscheiden sich nur relativ voneinander. Wenn aber Gott nicht Idee ist, wenn er der lebendige Gott ist, als den ihn die ganze Bibel bezeugt, dann ist sein Eingreifen in die Geschichte, sein Kommen zum Menschen, dann ist auch die Menschwerdung des Gottessohnes keine Mythologie, sondern Manifestation der göttlichen Selbstbewegung, der göttlichen Lebendigkeit, und steht keineswegs zum Gottesgedanken in Widerspruch. Richtig ist dies: Der Glaube an die geschichtliche Offenbarung erzeugt auch einen andern Gottesgedanken als ihn die Mystik, der Rationalismus oder die idealistische Spekulation vertritt. Davon soll im nächsten Kapitel mehr gesagt werden. Hier nur eins: Je nachdem man jenen unpersönlichen Ideengott oder aber diesen persönlich und geschichtlich sich offenbarenden lebendigen Gott meint, ist auch die ganze Existenz des Menschen eine andere. Dort ist das Ziel Einheit, hier ist das Ziel Gemeinschaft. Dort ist das Höchste Erkenntnis, hier ist der Sinn des menschlichen Lebens die Liebe. Von der rationalen Gottesidee aus ist der christliche Glaube so falsch, wie vom Glauben aus jene Idee falsch ist. Beweisbar ist weder das eine noch das andere, hier geht es um eine Glaubensfrage. Ob wir das eine oder das andere glauben, hängt davon ab, ob man sich von der in der Geschichte geschehenen Offenbarung treffen lässt oder aber vor ihr ausweicht. Mit der rationalen Gottesidee kann man der Demütigung und Abhängigkeit ausweichen; man hält jene Idee fest, solange man ausweichen will.

In dem Moment, wo man nicht mehr ausweicht, bricht auch jene Idee und mit ihr der Einwand der Mythologie zusammen.

Zum Dritten. In der Tat, warum hat Gott das Volk Israel auserwählt aus allen Völkern, warum ist der Sohn Gottes in den Jahren 1 bis 30 in Palästina Mensch geworden und nicht schon lange zuvor in China oder Indien, oder an allen Orten und zu allen Zeiten zugleich? Wir können aber auch weiter fragen: Warum hat Gott überhaupt diese Welt und nicht eine andere, warum hat er grosse und kleine Tiere, grosse und kleine Weltkörper, warum hat er vernunftlose Wesen in ungeheurer Zahl und nur so wenige Menschen geschaffen? Auf dieses Fragen werden wir schwerlich in diesem Leben eine Antwort bekommen.

Aber diese Fragen kann der nicht ernstlich stellen, der sich vor der Majestät und Allmacht des Schöpfergottes beugt. Gott und Mensch leben nicht in einer himmlisch-irdischen Demokratie, wo man von der Regierung jederzeit Auskunft verlangen kann, warum sie so und nicht anders vorgehe. Wir leben in einer absoluten Monarchie, und zwischen Gott und uns gibt es nur insofern eine Gleichheit als er uns das Geschenk der Gottähnlichkeit aus freien Stücken mitteilt. Demokratie ist gut zur Ordnung menschlicher Beziehungen; aber die Gleichheitsidee, die ihr zugrunde liegt, kann nicht auf das Verhältnis zwischen Gott und Mensch angewandt werden. Das Postulat der Gleichstellung bedeutet das Ende der wahren Gottesfurcht und damit das Ende aller wahren Gottesverehrung.

Was den Vorwurf der Intoleranz und Überheblichkeit betrifft, liegt hier ein Missverständnis vor. Wer als sündiger Mensch von Gott begnadigt worden ist und nun diese Gnade auch den andern Menschen mitteilen möchte, die er selbst unverdient empfangen hat, kann nicht intolerant und überheblich sein, solange er im Auge behält, dass die Wahrheit von Gott und nicht von ihm kommt, und dass sie nicht ihm allein, sondern allen zuteil werden soll. Es ist leider festzustellen, dass sehr oft die Christen den Nichtchristen gegenüber eine falsche Haltung eingenommen haben; aber der echte Missionseifer, der aus Christusliebe zu den Mitmenschen kommt, ist das genaue Gegenteil von Überheblichkeit und Intoleranz. Ja, die in Jesus Christus begründete Liebe ist das einzig sichere Gegengift gegen diese Haltung, und zwar darum, weil sie allein aus der Demütigung des Menschen stammt, der erkennt, dass die Wahrheit nicht in ihm ist, sondern zu ihm kam und immer wieder neu zu ihm kommen muss; dass diese Wahrheit nie sein Eigenbesitz werden kann, sondern immer Geschenk der Gnade bleibt.

So ist denn die Frage der geschichtlichen Offenbarung eine echte Entscheidungsfrage des Glaubens, eine Frage also, die nicht mit einem rein intellektuellen Pro und Contra gelöst werden kann, sondern nur mit einer letzten, den ganzen Menschen herausfordernden Entscheidung. Diese Entscheidung liegt darin, ob unsere Rechtfertigung und unsere Ehre in uns selbst liegt, oder ob wir sie von ausserhalb uns selbst empfangen müssen. Wir wissen, wie der christliche Glaube entscheidet. Und wir wissen jetzt, warum er so entscheiden muss.

2. KAPITEL

Der dreieinige Gott

Wir wissen von keiner geschichtlichen Zeit, in der nicht die Menschen etwas Göttliches verehrten. Der Gedanke, dass es eine übermenschliche Wirklichkeit gebe, scheint mit einer gewissen Notwendigkeit vom Menschengeist hervorgebracht zu werden. Er fehlt auch dort nicht, wo man ihn als eine blosse Einbildung verwirft oder als Merkmal einer niedrigen Entwicklungsstufe menschlicher Erkenntnis betrachtet. Wir finden den Gottesgedanken in zwei Bereichen des geistigen Lebens: einmal und vor allem im Zusammenhang der Volksreligionen, also jener kultischen Lebensform, die das Dasein eines ganzen Volkes oder noch grösserer Kreise mit einer gewissen Gleichmässigkeit bestimmt. Wir finden ihn aber auch im Bereich des philosophischen Denkens, der metaphysischen Gedankenbildung einzelner hervorragender Denker, denen sich im Zusammenhang ihrer Nachforschungen über die letzten Prinzipien des Seins der Gottesgedanke als Notwendigkeit aufdrängt.

Im Bereich der Religionen ist der Gottesgedanke von einer fast unabsehbaren Vielgestaltigkeit. Diese Mannigfaltigkeit lässt sich wohl einigermassen klassifizieren; einen gemeinsamen Nenner herzustellen ist, wie wir bereits sahen, ein Ding der Unmöglichkeit, weil in ihr unvereinbare Gegensätze enthalten sind.

Zunächst der Gegensatz des Persönlichen und des Unpersönlichen. Die primitive Religion ist auf ihrer untersten Entwicklungsstufe unpersönlich. Das Numinose ist mehr ein Es als ein Er, eine unfassbare, sozusagen atmosphärische Macht, eine Art Fluidium, das sich gewissen Dingen und Erscheinungen mitteilt oder sich in ihnen manifestiert. Der Polytheismus stellt demgegenüber bereits eine höhere Entwicklungsstufe dar. In diesem Pantheon finden sich jedoch wiederum Göttergestalten verschiedenster Art, verschieden sowohl hinsichtlich ihrer Gesinnung und Wirkung als auch hinsichtlich des Ranges ihrer Mächtigkeit. Es gibt obere und untere, dunkle und helle, böse und gute Götter; es gibt Hierarchien mit mehr oder weniger monarchischer Spitze und einer ganzen Stufenleiter von Wesen übermenschlicher Mächtigkeit, an deren Basis die halbgöttlichen Heroen stehen, die den Übergang zum irdischen Menschen bilden.

Sehen wir von dieser polytheistischen Mythologie ab, und wenden wir uns den sogenannten Hochreligionen zu, so sind die Gegensätze nicht geringer. Wir sehen da, in einer der geistig höchst stehenden Religionen, den dualistischen Gegensatz des guten und des bösen Gottes. Wir sehen auch hier den Gegensatz des persönlichen und des unpersönlichen göttlichen Prinzips. Wir finden sogar den Grenzfall einer Religion ohne Gott, wie der Buddhismus mindestens in seiner ursprünglichen Form sich darstellt. In all diesen Fällen kann der Versuch, diese Gottesideen mit dem christlichen Gottesgedanken irgendwie zusammenzudenken, nur negativ ausgehen.

Anders steht es mit den beiden eindeutig monotheistischen Religionen, mit dem Judentum und dem Islam. Hier ist eine Verwandtschaft mit dem Christentum umso weniger zu leugnen, als ja hier auch gemeinsame Wurzeln in der geschichtlichen Offenbarung vorhanden sind. Es wird wohl nicht möglich sein, die Behauptung aufrecht zu erhalten, der Jahve des Judentums und der Allah des Islams hätten mit dem christlichen Gottesgedanken keine Verwandtschaft. Und doch ist gerade hier, wie jeder Juden- oder Mohammedanermissionar weiss, der Gegensatz besonders scharf. Gerade das, was im christlichen Gottesgedanken das Zentrum bildet, ruft die schärfste Ablehnung von seiten jener beiden monotheistischen Religionen hervor: die Lehre vom dreieinigen Gott. Es ist diese Lehre von der Dreieinigkeit, die den christlichen Glauben auch von allen philosophischen oder rationalistischen Gotteslehren trennt.

Wie bereits gesagt, ist es ja nicht nur die Religion, die den Gottesgedanken hervorbringt. Seit den metaphysischen Lehren der griechischen Philosophie haben wir in der abendländischen Welt auch mit einer philosophischen Theologie oder Gotteslehre zu rechnen, die im geschichtlichen Bereich des Christentums teilweise stark auf den christlichen, von der biblischen Offenbarung bestimmten Gottesgedanken einwirkte, teilweise mit ihm rivalisierte und namentlich in neuerer Zeit ihn weithin verdrängt oder ersetzt hat. Dies geschah nicht nur bei denen, die am philosophischen Denken teilzunehmen vermögen, sondern auch in breiten Schichten der westlichen Völker. Mögen die Umrisse dieses philosophischen Gottesbildes in diesem Popularisierungsprozess auch sehr verschwommen worden sein, so bleibt doch immer seine Abstammung aus der Philosophie und eben damit auch sein Unterschied vom christlichen Gottesgedanken erkennbar.

Auch hier ist zunächst zu sagen, was wir bereits in unserer kurzen Übersicht über die nichtchristlichen religiösen Gottesvorstellungen festzustellen hatten: Es gibt nicht eine, sondern es gibt eine grosse Mannigfaltigkeit philosophischer Gottesideen. Der Gott des Pantheismus ist ein anderer als der des Deismus oder der des Theismus; der Gott des Aristoteles ist ein anderer als der Heraklits, wieder ein anderer der Platos, der des Neuplatonismus, der des Spinoza und dieser wieder ein anderer als der eines Leibniz, Kant, Fichte oder Hegel. Bis in die neueste Zeit hat sich die Vermehrung dieser Mannigfaltigkeit – ich erinnere bloss an die philosophische Theologie eines William James oder eines Josiah Royce – fortgesetzt. Dabei versteht sich von selbst, dass in ähnlicher Weise wie der griechisch-philosophische Gottesgedanke auf die christliche Lehre einwirkte, so umgekehrt sich auch die verschiedenen philosophischen Theologien der christlichen Zeit ihrerseits mehr oder weniger stark unter der Einwirkung der christlich-biblischen Lehre gebildet haben. Es mag darum als ein gewagtes Unternehmen erscheinen, diese so verschiedenen philosophischen Gotteslehren als eine Einheit zu betrachten und der christlich-biblischen Lehre gegenüber zu stellen. Und doch ist das gerade in dem Sinne und aus dem Grunde möglich, wie die Abgrenzung gegenüber allen Religionen, einschliesslich der jüdischen und mohammedanischen, möglich ist: Der Gott der Philosophen ist nicht der dreieinige Gott des christlichen Glaubens. Es sei mir nun gestattet, die Aufgabe dadurch etwas zu vereinfachen, dass ich mich im folgenden nicht ausdrücklich mit den Gottesvorstellungen der Religionen, sondern lediglich mit dem philosophischen Gottesgedanken auseinandersetze. Es wird sich, so hoffe ich, dabei von selbst ergeben, dass auch der Gegensatz zur gesamten Religionswelt deutlich genug hervortritt.

In dem Satz «Der christliche Gottesgedanke ist der des dreieinigen Gottes» ist zunächst ausgesagt, dass der Gott unseres Glaubens derjenige ist, der sich in Jesus Christus geoffenbart hat. Die Lehre von der Trinität hat darin ihre fundamentale Bedeutung für die christliche Theologie, dass in ihr der notwendige Zusammenhang zwischen Offenbarung und Gottesgedanke, und zwar zwischen der Offenbarung in Jesus Christus und dem christlichen Gottesgedanken zum Ausdruck gebracht wird. Die Bibel spricht das ganz schlicht und allgemein verständlich mit dem Satz aus, unser Gott sei der Vater unseres Herrn Jesus Christus. Damit ist gesagt, dass der Gott, den wir durch die Offenbarung in Jesus Christus erkennen, ein anderer ist, als der, den man ausserhalb dieser Offenbarung zu erkennen meint, dass also mit der andern Art des Erkennens auch ein anderer Inhalt der Erkenntnis gegeben ist. Das wird besonders deutlich, wenn wir zunächst den Gottesgedanken der metaphysisch- philosophischen Theologie mit dem der biblischen Offenbarung überhaupt vergleichen.

Was immer der genauere Inhalt der philosophischen Gotteslehre sein mag, eines ist hier in allen ihren verschiedenen Ausprägungen gemeinsam: Es ist immer ein vom Menschen her gedachter, ein auf dem Weg des Denkens gefundener und also, negativ ausgedrückt, ein nicht sich selbst geschichtlich offenbarender Gott. Das ist der Gegensatz, den jenes Wort Pascals ausdrückt, das einen Teil des berühmten Dokumentes bildet, das man bei seinem Tode als sein geistliches Vermächtnis in seinem Rock eingenäht fand: «Dieu d'Abraham, d'Isaac et de Jacob, non des philosophes». Der Gott der Philosophie ist ein anderer als der Gott der biblischen Offenbarung. Auch wenn wir nichts weiter von diesen philosophischen Gotteslehren wüssten als dieses eine, dass diese Gotteslehren aus philosophischem Denken gewonnen sind, wüssten wir damit doch schon das Wesentliche: dass dieser Gott nicht der Gott der Offenbarung ist. Der Gott der Philosophen ist ein Denkinhalt, der auf Grund bestimmter philosophischer Überlegungen als notwendige Setzung des Denkens einen mehr oder weniger integrierenden Bestandteil des betreffenden philosophischen Systems bildet. So ist der Gottesgedanke Platons eine Idee, die den krönenden Abschluss seiner Ideenlehre bildet. So ist der Gottesgedanke des Aristoteles die Spitze seiner Entelechienlehre. So ist der neuplatonische Gottesgedanke der Endpunkt jener ganzen Spekulation, die auf dem Wege der Abstraktion vom sinnlich Konkreten zum Grunde aller Setzungen, zum Ein und Alles vordringt. So ist der Gottesgedanke Spinozas identisch mit dem Grundbegriff seiner Metaphysik, mit dem Begriff der Substanz, die, selbst unerkennbar, in ihren zwei Attributen, im räumlichen Sein und im Denken sich manifestiert und die darum sowohl Gott als Natur genannt werden kann. Oder wieder in neueren Systemen des philosophischen Theismus ist Gott die denknotwendige Voraussetzung für das Dasein und Sosein der erfahrbaren Welt.

Es liegt uns gar nicht daran, die Berechtigung dieser metaphysischen Theologien zu verneinen, obgleich ja die Tatsache, dass es deren so viele gibt, von denen jede Denknotwendigkeit für sich in Anspruch nimmt, auch den in Verlegenheit versetzt, der dieser philosophischen Theologie mit günstigen Vorurteilen begegnet. Was wir jetzt hervorheben und begründen wollen ist einzig dies, dass der Gottesbegriff der Philosophen mit Notwendigkeit ein anderer ist als der des Glaubens.

Auch wenn alle Philosophen zu einem und demselben theologischen Resultat gelangten, ja sogar dann, wenn dieses Resultat eindeutig ein theistischer Gottesgedanke wäre, würde trotzdem unser Satz zu Recht bestehen, dass der Gott der Philosophie ein anderer ist als der Gott der Offenbarung. Es ist auf alle Fälle nicht ein Gott, der sich selbst redend und handelnd in geschichtlicher Offenbarung kundtut. Der Gott der Philosophie ist per definitionem ein Gedankengebilde unseres eigenen Denkens. Damit ist selbstverständlich nicht gesagt, dass ihm keine objektive Realität zukomme; es gehört ja gerade zum weiteren Inhalt all dieser philosophischen Theologien, zu zeigen, dass dieser innerhalb des Denkens sich notwendig aufdrängenden Gottesidee objektive Realität zukomme. Aber es ist damit das andere gesagt, nämlich dass dieser Gott nicht ein lebendiger Gott im biblischen Sinne, d.h. nicht ein in die Geschichte eingreifender, nicht ein Du ist, das den Menschen als Ich anredet. Der Gott des Denkens ist ein Denkobjekt, auf das das menschliche Denken führt. Die Initiative, die Bewegung, die zur Erkenntnis führt, liegt hier ganz und gar auf der Seite des menschlichen denkenden Geistes, nicht auf der Seite Gottes. Es ist ein Gott, den zu erreichen innerhalb der menschlichen Denkmöglichkeiten liegt, nicht aber ein Gott, der von ausserhalb der menschlichen Denkmöglichkeit in einem Akt eigener Initiative, eigener Bewegung, den Kreis der menschlichen Denkmöglichkeit sprengt. Es ist kein Gott der Anrede, sondern ein Gott, der gedacht wird.

Die philosophische Gotteslehre, die sich der des Glaubens gegenüberstellt, sieht gerade dies als ihr Wahrheitskennzeichen an, dass sie auf diese mythologische oder anthropozentrische Vorstellung eines selbstredenden, eines sich selbst zu uns hin bewegenden Gottes verzichten kann. Sie sieht umgekehrt von hier aus die Gottesidee des Glaubens, diese Vorstellung von einem selbst redenden, selbst handelnden, einem sich selbst zum Menschen hinbewegenden Gott als primitiven Anthropomorphismus, als eine dem gebildeten Denken unerträgliche Vorstellungsweise an.

Auf der andern Seite liegt nun dem Glauben alles an dieser Tatsache der Selbstkundgebung Gottes, durch die der Kreis der menschlichen Denkmöglichkeiten durchbrochen wird und durch die eine dem menschlichen Denken unerreichbare transzendente Realität sich dem menschlichen Geist erschliesst. Der Glaube meint, wenn er von Gott spricht, gerade diesen Gott, der sich selbst offenbart, der selbsttätig, in einer Setzung, die nicht vom menschlichen Denken, sondern allein von Gott her geschehen kann, sich dem Menschen kundtut als der Gott, der von keinem Denken zu erreichen ist. Dass diese Offenbarung Wirklichkeit sei, dass es wirklich Gott ist, der als der Anredende sich da offenbart, dass diese Offenbarung nicht bloss eine psychologische Täuschung des interpretierenden Menschengeistes ist, das lässt sich selbstverständlich nicht beweisen; denn beweisbar ist ja per definitionem nur das dem menschlichen Denken selbst Zugängliche. Was sich beweisen lässt, ist eo ipso denk-immanent; und Offenbarung ist eo ipso denk-transzendent, also unbeweisbar. Glaube – so wie der Glaube sich selbst versteht – ist eine reale Begegnung, in der etwas geschieht, was innerhalb des menschlichen Selberdenkens nicht geschehen kann. Während aber die Realität dieses Geschehens nicht beweisbar, sondern nur erfahrbar ist (eben in der Erfahrung, die wir Glauben nennen), ist doch etwas anderes sehr wohl beweisbar, nämlich die Verschiedenheit des auf diesem Wege zustandekommenden Gottesgedankens von allem, was das philosophische Denken über Gott hervorbringt. Dieser verschiedene Inhalt liegt ja vor im Offenbarungszeugnis der Bibel. Von diesem Inhalt und seiner Verschiedenheit allen andern Gottesgedanken gegenüber soll nun des weiteren gesprochen werden.

Die erste Verschiedenheit und zugleich die grundlegende Bestimmung des christlichen Gottesgedankens besteht darin, dass hier Gott als der Herr verstanden wird. Damit ist die unbedingte Souveränität und Freiheit Gottes ausgesagt. Gott untersteht keiner Notwendigkeit, ausser derjenigen, die er selbst setzt. Gott ist der Schöpfer des Alls. Wo man Gott denkt und ihn nicht glaubend in seiner Offenbarung erfährt, da besteht, auch wenn man Gott den Schöpfer nennt, immer ein notwendiges Verhältnis zwischen Gott und dem Universum. Der Gedanke, dass Gott auch ohne das Universum der sein könnte, der er ist, ist innerhalb einer philosophischen Gotteslehre schwerlich zu vollziehen; jedenfalls hat ihn unter den grossen philosophischen Theologen keiner gedacht. Vielmehr wird zwischen Gott und Kreatur eine korrelative Beziehung gesetzt, so dass Gott ebenso wenig ohne Welt, wie die Welt ohne Gott sein kann. Der biblische Gottesgedanke aber nimmt die Freiheit Gottes absolut ernst; Gott schafft, in Freiheit, und das heisst aus dem Nichts, die Welt, die er will. Und die Welt besteht in jedem Moment nur kraft dieser göttlichen Setzung. Obschon dieser Gedanke der unbedingten Souveränität Gottes ein Grundelement aller biblischen Gotteslehren ist, erfasst ihn doch erst der trinitarische Gedanke in seiner letzten Konsequenz: Nur der Gott, der in sich selbst der liebende ist und keiner Kreatur bedarf, um der Liebende zu sein, ist in seinem

Sein vollkommen unabhängig vom Sein der Welt und darum als vollkommen souverän gedacht.

Mit diesem Ersten hängt ein Zweites unmittelbar zusammen: Die Welt, obschon sie nur kraft göttlicher Setzung besteht, ist für Gott ein reales Gegenüber. Es gibt darum innerhalb der Welt reale kreatürliche Freiheit, die darin manifest wird, dass der Mensch in seiner kreatürlichen Freiheit dem Willen Gottes realiter widersprechen kann. Gott hat etwas geschaffen, das wirklich nicht er selbst, das in keiner Weise göttlich, sondern ganz und gar kreatürlich ist. Erst damit ist der Schnitt zwischen dem Sein Gottes und dem Sein der Kreatur vollständig. Erst darin, dass die Kreatur nur Kreatur und nicht irgendwie göttlich ist, ist die vollkommene Transzendenz Gottes – dass Gott allein Gott ist und dass das Attribut der Göttlichkeit ganz allein Gott zukommt – ausgesprochen. Erst damit ist, so können wir auch sagen, der allgemein antike Kosmosbegriff, in dem das Göttliche und das Kreatürliche ungeschieden ineinander liegen, aufgelöst. Eben dieses Allein-Gottsein ist der Inhalt des zentralen biblischen Begriffs der Heiligkeit Gottes. Gott und Welt sollen nicht miteinander vermischt, sondern scharf auseinander gehalten werden. Gott ist ganz und gar nur Gott; er hat nichts von Kreatürlichkeit an sich.

Umgekehrt ist die Welt ganz und gar nur Kreatur und hat nichts von Göttlichkeit an sich. Die Überweltlichkeit Gottes und die Nurweltlichkeit der Kreatur sind Grundbestimmungen des biblischen Glaubens. In dieser Scheidung hat das, was die Bibel die Heiligkeit Gottes nennt, ihre Grundlage. Sie erschöpft sich aber nicht darin. Denn dieser Herr-Gott, der allein Gott ist, will als solcher anerkannt sein. Diese seine Souveränität und Überweltlichkeit will Gott in seiner Kreatur zur Geltung bringen. Der Mensch, die vornehmste seiner Kreaturen, soll Gott als diesen Gott anerkennen, ihn ehren. Der Herr-Gott will auch wirklich über seine Kreatur Herr sein. Der Gott der Bibel ist der herrische, der «eifersüchtige» Gott, der seine Ehre keinem andern lassen, der allein verehrt sein will. Damit erst haben wir das biblische Hauptmotiv ausgesprochen: die Herrschaft Gottes. Beides ist darin enthalten: dass Gott Herr sein will und dass die Kreatur diese Herrschaft Gottes bejahen soll, also die Tatsache, dass die Kreatur ganz und gar Gottes Geschöpf ist und ihm gehört, aber auch die andere, dass die Kreatur eine relative, eine ihr von Gott gegebene Selbständigkeit hat, Gott zu ehren oder nicht zu ehren, ihm zu gehorchen oder nicht zu gehorchen. Damit wird nun erst die Gotteserkenntnis ein ethisches Faktum und Grundlage aller Ethik. Die Gottesherrschaft ist von der Art, dass sie sich nur durch den freien Gehorsam des Geschöpfs hindurch vollziehen kann. Gott will durch sein Geschöpf verherrlicht werden. Sein Herrsein ist nicht eine von vornherein gegebene Tatsache, sondern eine sittliche Aufgabe und damit etwas, das nicht am Anfang steht, sondern das Ziel der Geschichte bildet. Werfen wir, an diesem Punkte angekommen, rasch einen Blick auf den philosophischen Gottesgedanken. Weder im platonischen, noch im aristotelischen, neuplatonischen oder spinozistischen Gottesgedanken ist von einem solchen Herrschaftswillen die Rede. Weder die Idee der Ideen, noch das Alleine oder die Substanz ist ein Herr-Gott, der seinen Willen an seiner freien Kreatur zur Anerkennung gebracht haben will. Die Unpersönlichkeit jener philosophischen Gottesideen lässt ein derartig sittlichdynamisches Verhältnis nicht zu. Aber auch der personalistische Gottesgedanke des rationalen Theismus weiss davon nichts. Wohl spielt bei ihm das sittliche Gesetz als Ausdruck des göttlichen Willens eine bedeutsame Rolle. Aber dieses sittliche Gesetz handelt nicht von der Ehre Gottes, es steht dahinter nicht der Herrschaftswille Gottes, der seine Heiligkeit an aller Kreatur verwirklicht haben will. Im Gegenteil, zu aller Zeit hat dieser biblische Gedanke, dass Gott seine Ehre erkannt haben wolle, die Kritik, wenn nicht sogar den Spott der philosophischen Theologie herausgefordert, indem man darin einen beschränkten mythologischen Anthropozentrismus zu erkennen vermeinte. Der Gott der Philosophen ist nicht der Herr-Gott, der sich selbst unbedingt selbst will und der auf den Widerstand gegen diesen heiligen Willen mit göttlichem Zorn reagiert. Gottesehre und Gotteszorn passen nicht in das philosophische Gottesbild. Warum nicht? Darum, weil der Gott der Philosophen nicht der Gott der Offenbarung, sondern der Gott des Denkens ist, also nicht der Gott, der den Menschen als Schöpfer gegenübersteht, sondern ein Prinzip, das zur Erklärung des Bestehenden notwendig ist. Vom Standort der theologischen Philosophie aus muss dieser biblische Herr-Gott, ebenso wie der Gedanke des selbstredenden, selbsthandelnden persönlichen Gottes, als Mythologie abgelehnt werden. Ist das rationale Denken der oberste Richter der Theologie, so kann der biblische Personalismus sowohl im Gottes- wie im Offenbarungsgedanken nur a limine abgelehnt werden.

Was ist denn «Person» im Unterschied zu allem andern? Person ist das, was wir nicht selbst denken können, sondern was sich uns persönlich manifestiert. Was ich selbst denke, ist Denkobjekt; auch der von mir ausgedachte persönliche Gott

– der Gott des philosophischen Theismus – ist mein Denkobjekt. Etwas anderes als mein Denkobjekt könnte nur das sein, was ich nicht selbst denke, sondern das, was sich mir als ein selbstdenkendes und selbstwollendes Ich kundtut; was also nicht aus meinem Denken hervorgeht, sondern in mein eigenes Denksystem als ein Fremdes hineintritt; was sich in meiner Welt der Denkobjekte als mein Du anredet und mir das Geheimnis seines Willens, das ich nicht von mir aus wissen oder denken kann, kundtut. Entweder dieser persönliche Gott, der nur in eigener Offenbarung sich kundtut – oder aber das Denken ohne diese Offenbarung, dann aber auch nicht dieser persönliche Herr-Gott. Das wird nun noch deutlicher, wenn wir den zweiten Grundsatz des geoffenbarten Wesens Gottes näher bedenken: die göttliche Liebe und Barmherzigkeit.

Wir haben schon im ersten Kapitel darauf hingewiesen, dass die Frage der geschichtlichen Offenbarung mit der Tatsache, dass in unserem Gottesverhältnis ein Riss eingetreten sei, korrespondiere. Wie soll der Mensch von sich aus wissen können, wie der heilige Gott, wie Gott als Geber des Sittengesetzes auf die Übertretung dieses Gesetzes reagiert? Das Gesetz ist etwas Unveränderliches, etwas in zeitloser Ewigkeit Verharrendes. Aus dem Gesetz kann darum niemals abgelesen werden, wie Gott sich zu einer Kreatur verhält, die das Gesetz übertritt, und wie Gott dieser, von der Kreatur geschaffenen neuen Situation gegenübertritt. Vom Gesetz aus gesehen wäre hier nur eine Möglichkeit gegeben: die Vernichtung der rebellischen Kreatur, d. h. aber die Unmöglichkeit ihres Weiterbestehens. Würde ein Mensch aus sittlichem Ernst diese Konsequenz ziehen, so müsste er über die Ernsthaftigkeit des sittlichen Gebotes in Zweifel geraten, da er ja sieht, dass er trotz seiner Rebellion gegen den göttlichen Willen noch immer lebt. Das sittliche Gesetz lässt ihn also im Dunkel über die jetzt bestehende Gesinnung Gottes ihm gegenüber.

Darum ist es vor allem die Mitteilung der vergebenden und erlösenden Gnade Gottes, an der das Wunder der Offenbarung deutlich wird. Dass es so etwas gibt wie vergebende Gnade, Rechtfertigung des Sünders, Begnadigung des Rebellen und Wiederaufnahme in die Gotteskindschaft dessen, der den Zorn Gottes verdient hat – das ist auf keinem rationalen Wege zu erfahren. Das ist denn auch nicht Inhalt irgendeiner philosophischen Gotteslehre. Das ist Inhalt allein der geschichtlichen Offenbarung, die im Alten Testament anhebt, aber erst in der Botschaft von der Unbedingtheit der göttlichen Vergebung, von der Rechtfertigung des Sünders durch Jesus Christus vollendet wird. Erst im Neuen Testament, im Zeugnis von Jesus Christus, fällt das Wort, das man als das Herz des christlichen Gottesgedankens bezeichnen kann: Gott ist Liebe. Dieses Wort kann in keinem Buch philosophischer Gotteslehre stehen; denn die sündenvergebende Liebe ist der Ausdruck unbegreiflichster Neusetzung der Gottesbeziehung von Gott her, die nur in einem selbst unbegreiflichen Akt göttlicher Offenbarung mitgeteilt werden kann. Vom philosophischen Standpunkt aus ist diese Aussage völlig irrational und die Sündenvergebung göttliche Inkonsequenz. Der Philosoph kann, weil er nur das denkend verantworten kann, wofür er rationalen Grund hat, nur ein geradlinig-konsequentes Handeln Gottes verstehen. Ist Gott der Gesetzgeber, dann kann er nur an seinem Gesetz festhalten und muss den Widerstand gegen das Gesetz irgendwie vernichten oder beseitigen. Oder aber Gott will unbedingt das Leben und das Wohl seines Geschöpfs, dann muss er das Böse ignorieren. Die gleichzeitige Behauptung des heiligen Gotteswillens, der auf die Übertretung des Gesetzes mit Zorn und Vernichtung reagiert, und der gnädigen Vergebung der Schuld: das ist ein Paradoxon, das vom philosophischen Denken, das geradlinige Konsequenz fordert, nur als Absurdität abgelehnt werden kann.

Die Botschaft vom Kreuz ist den Griechen eine Torheit.

Die Botschaft vom Kreuz ist gerade die Einheit beider Gedanken, der Heiligkeit Gottes, die die Vernichtung des Sünders fordert, und der Liebe Gottes, die den Sünder rettet. Die Botschaft vom Kreuz sagt einerseits, dass der Zorn Gottes eine Realität ist, die von der Tatsache der Sünde nicht abgelöst werden kann. Gott würde seine Heiligkeit aufgeben, wollte er die menschliche Rebellion einfach hinnehmen. Der heilige Zorn Gottes muss sich an der sündigen Kreatur als Fluch, als tödliche Reaktion des Heiligen auf das Unheilige, manifestieren. Sie sagt aber zweitens: Gott will nicht den Tod des Sünders, sondern seine Rettung. Gottes Liebe ist grösser als des Menschen Sünde. Gott vergibt die Schuld, mag sie noch so gross sein. Diese paradoxe, auf keinem rationalen Wege zu erreichende Einheit von Heiligkeit und Barmherzigkeit ist als die Botschaft vom Kreuz das Besondere des christlichen Gottesgedankens.

Wir werfen von hier aus einen Blick auf die Religionsgeschichte und stellen die Frage: Ist irgendwo im Gebiet der ausserbiblischen Religionen diese Einheit von Heiligkeit Gottes und vergebender Barmherzigkeit erkannt? Der Parsismus ist das Beispiel einer Religion, in der etwas von einem heiligen Gotteswillen, der die Herrschaft des Herr-Gottes über die ganze Kreatur als sittliche Aufgabe und als Ziel der Geschichte sieht, erkannt wird. Wir sehen jetzt ab von dem Dualismus der Religion Zarathustras, von seiner Anerkennung eines bösen Gegengottes, in dem wir nur auf das eine achten, dass ja schliesslich der gute Gott über den bösen Herr wird, und darin sein überlegenes Gottsein manifestiert. Hier scheint wirklich eine Parallele zur prophetischen Religion Israels vorzuliegen, wie denn auch diese Religion selbst aus der prophetischen Verkündigung dieses einzelnen Mannes Zarathustra hervorgegangen ist. Trotzdem ist diese Parallele letzten Endes nur eine scheinbare. Die Religion Zarathustras weiss nichts von der Vergebung der Sünde, von der schenkenden Gnade. Die Heiligkeit Gottes wirkt sich vernichtend aus an den Bösen, aber belohnend an den Guten. Die Guten haben teil am Sieg des guten Prinzips. Sie kommen im letzten Gericht heil über jene fadendünne Brücke, die über den Abgrund des Verderbens gespannt ist, während die Bösen unrettbar in den Abgrund stürzen. Diese Religion weiss nichts von jener Erkenntnis, dass wir allzumal Sünder sind und den Tod verdient haben. Sie kommt darum aus ohne den Gedanken der Sündenvergebung und der rettenden Gnade.

Dasselbe gilt grundsätzlich auch vom Islam. Wohl ist ihm der Gedanke der göttlichen Vergebung nicht völlig fremd; im grossen ganzen aber spielt er innerhalb dieses streng moralistischen und gesetzlichen Religionssystem keine wesentliche Rolle. Allah ist ein heiliger und guter Gott; aber er ist nicht der Heilige, der zugleich der Barmherzige ist. In diesem System ist die neutestamentliche Gleichsetzung von Gott und Liebe völlig undenkbar. Der Islam ist, ähnlich dem Parsismus, eine Religion der moralischen Gesetzlichkeit mit einer Eschatologie, bei der wiederum nur der Masstab des Gesetzesgehorsams für die Bestimmung des endgültigen Loses entscheidend ist. Und endlich das Judentum. Es schöpft wie der christliche Glaube aus den Quellen der alttestamentlichen Offenbarung. Das ist der gemeinsame Ausgangspunkt, der die nahe Verwandtschaft erklärt, die sich zunächst dem vergleichenden Blick darbietet. Worin gehen jedoch die beiden auseinander? Warum haben die Juden Jesus nicht als den doch auch von ihnen erwarteten Christus anerkennen können? Warum können sie es bis zum heutigen Tage nicht? Die Juden kennen wohl die prophetische Botschaft nicht nur vom heiligen, sondern auch vom barmherzigen Gott. Das darin liegende Paradoxon ist ihnen nicht unbekannt; auch ihre Gotteslehre ist ja nicht philosophisch, sondern in der geschichtlichen Offenbarung begründet. Auch die Juden wissen von einer Vergebung der Sünden, deren selbst der Frömmste bedarf. Aber die radikale Sündenerkenntnis des Neuen Testamentes und darum der Radikalismus der göttlichen Vergebung, wie er in der Lehre von der Rechtfertigung des Sünders und vom versöhnenden Leiden und Sterben des Heilandes ausgesprochen ist, empfinden sie als unerträglich, ja gotteslästerlich. Wie den Griechen – dem philosophischen Denken – das Kreuz eine Torheit ist, so bedeutet es den Juden ein Ärgernis. Letztlich kommen sie doch, wie Paulus immer wieder zeigt, vom gesetzlichen Denken nicht los; sie vermögen die Botschaft von der frei schenkenden Gnade nicht zu fassen.

Die Einheit von Heiligkeit und Barmherzigkeit Gottes – das ist der christliche, und nur der christliche, Gottesgedanke. Und dieser Gedanke ist streng bezogen auf die geschichtliche Offenbarung in Jesus Christus. Nur in diesem geschichtlichen Leben, das mit dem Kreuzestod auf Golgatha endet, ist gerade diese Antwort erfolgt auf die Frage, wie denn der heilige Gott sich zum sündigen Menschen stelle. Nur hier ist diese Antwort gegeben, in der in einer völlig unbegreiflichen, rational nicht erklärbaren Weise die radikale Heiligkeit Gottes und die radikale Gnade, die dem Sünder die Gotteskindschaft verleiht, zusammengeschaut, ja noch mehr: zusammen geoffenbart sind. Wir müssen noch einen Schritt weitergehen. In der Christusoffenbarung allein ist Gottes Heiligkeit so verstanden, dass sie mit seiner barmherzigen Liebe eins ist. Und hier allein ist die Liebe Gottes so verstanden, dass sie mit seiner Heiligkeit eins ist. Heiligkeit heisst: Gott will die unbedingte Anerkennung seiner Herrschaft. Liebe heisst: Gott schenkt, Gott vergibt, er schenkt gerade das, was der Mensch am wenigsten hat und wessen er am meisten bedarf. Gott schenkt sich selbst. Indem nun aber der Mensch im Glauben dieses Geschenk der göttlichen Liebe annimmt, erkennt er erst recht den heiligen Gotteswillen und anerkennt er dessen unbedingtes Herrenrecht und dessen souveräne Herrenmacht. Im rechten, demütigen und dankbaren Glauben verwirklicht Gott im menschlichen Herzen seinen Willen; hier wird er vom Menschen als der allein Leben-Schaffende verehrt und anerkannt. Im Bekenntnis des sola gratia wird auch das wahrhafte Soli Deo Gloria laut. Wer so die Liebe Gottes erkennt, wie sie sich in Jesus Christus offenbart, der anerkennt ebendamit auch den heiligen Herrenwillen Gottes. Hier sind Heiligkeit und Liebe eins geworden.

Damit kehren wir zu unserem Ausgangspunkt und Thema, zur Lehre vom dreieinigen Gott zurück. Der Inhalt dieser Lehre ist, richtig verstanden, kein anderer als der, dass Gott sein ewiges Geheimnis in Jesus Christus offenbart und damit allein in Jesus Christus dieses innerste Geheimnis Gottes kundgemacht wird. Nicht die von der Kirche herausgearbeitete Lehre von den drei Personen und ihrem Verhältnis innerhalb der einen Gottheit ist die wahrhaft biblische Trinitätslehre. Das Mysterium der Drei-Einheit, das in der katholischen Lehre im Vordergrund steht und in der katholischen Frömmigkeit als Gegenstand der Anbetung des Unbegreiflichen eine so grosse Rolle spielt, ist der neutestamentlichen Lehre selbst völlig fremd. Nicht das Mysterium Trinitatis, sondern das Mysterium der göttlichen Barmherzigkeit ist dort der Gegenstand gläubiger anbetender Verehrung. Nirgends wird der Blick der Gläubigen auf die Frage gelenkt, wie sich denn nun die drei göttlichen Personen: Vater, Sohn und Geist, im Geheimnis der Einheit göttlichen Wesens zueinander verhalten. Die Bibel hat eine andere Blickrichtung. Sie lehrt, dass das Geheimnis des Vaters durch den Sohn geschichtlich geoffenbart sei, und dass diese Offenbarung des Sohnes nur durch den heiligen Geist zur Erkenntnis des Menschen werden könne. Sie stellt sozusagen die drei göttlichen Personen nicht nebeneinander, sondern hintereinander. Durch den heiligen Geist erkennen und haben wir den Sohn, und durch den Sohn erkennen und haben wir den Vater. Das innertrinitarische Problem des Verhältnisses von Vater, Sohn und Geist liegt jenseits des biblischen Interesses, wie auch jenseits der theologischen Erkenntnismöglichkeit.

Gott tut somit sein Geheimnis auf in der Person des Offenbarers. Nicht ein prophetisches Wort ist die höchste und letztgültige Offenbarung Gottes. Ein solches Wort ist in sich selbst noch etwas Unvollkommenes, weil in ihm Gott selbst noch nicht vollkommen gegenwärtig ist. Gott ist Person und kann darum nur in einer Person vollkommen gegenwärtig sein. Die vollkommene Offenbarung Gottes als der Liebe geschieht nicht da, wo ein Mensch in Gottes Auftrag die Liebe Gottes verkündet, sondern da, wo ein Mensch in Gottes Liebe sein Leben hingibt. In Jesus Christus steht die heilige Liebe Gottes in persona vor uns; indem wir Jesus Christus begegnen, begegnen wir dem heilig-barmherzigen Gott. Dass es wirklich Gott selbst in Person ist, der uns in Jesus Christus begegnet; dass der Offenbarer Jesus und der Offenbarte, Gott in seinem Geheimnis, derselbe ist; dass also wirklich das Geheimnis Gottes in Jesus Christus offenbart ist, das ist die christliche Botschaft.

Gehen wir noch einmal zu jener Feststellung zurück, dass sich die Person darin von jedem Denkobjekt unterscheidet, dass sie sich nur in eigener Selbstoffenbarung kundtut. Was ich selbst denke und erkenne, ist immer ein Teil meiner Denkwelt, ist immer mein Denkobjekt. So denke ich an die Natur, ihre Erscheinungen und Gesetze. Die Natur redet mich nicht als ein Ich an, wohl tut das aber ein anderer Mensch. Er tritt als ein Gegenüber meines Ichs in meine Denkwelt herein und sagt zu mir: Ich bin ebensogut wie du ein Ich. Die Anerkennung dieses Sachverhalts begründet das sittliche Verhältnis. Ich soll den Mit-Menschen nicht als Objekt behandeln, sondern als ein Ich, als ein Subjekt, das gleiches Recht hat wie ich selbst. An der Tatsache des Mit-Menschen entsteht das sittliche Problem, die sittliche Forderung. Davon haben alle Menschen Kenntnis; alle wissen etwas vom sittlichen Gesetz. Aber der Mensch, der von mir fordert, dass ich ihn als gleichberechtigtes Du anerkenne, vermag mir zweierlei nicht zu sagen: erstens, kraft welcher Autorität er dieses Recht für sich fordert, und zweitens, was denn die Wirklichkeit dieser geforderten Beziehung zu ihm wäre. Er vermag mir nicht zu sagen, dass der heilige Gotteswille hinter diesem Anspruch steht, und dass der Inhalt dieser Forderung die Liebe ist. Die Liebe versteht man nicht, solange sie bloss gefordert ist. Man versteht sie erst dort, wo sie geschenkt wird, also da, wo die fordernde und die schenkende Liebe gleichzeitig da ist und mich als Wirklichkeit ergreift. Das Geheimnis der menschlichen Person wird darum in der bloss menschlichen Beziehung zwischen menschlichen Personen gerade nicht offenbar gemacht. Das Geheimnis der Person wird erst offenbar in der Selbstoffenbarung in der göttlichen Liebe, d. h. in der Begegnung mit einem Menschen, der nicht bloss meine Liebe fordert, sondern sie mir zuerst schenkt, und der dies darum kann und darum tut, weil in ihm die Liebe Gottes selbst da ist. Das aber ist eben das Geheimnis der Person Jesu Christi. Darum ist die Begegnung mit ihm die Offenbarung des wahren Persongeheimnisses, nämlich des menschlichen und des göttlichen Persongeheimnisses in Einem. Indem wir Jesus Christus begegnen, erfahren wir erst, wer wir sind, nämlich sündige Geschöpfe, die lieben sollten, aber nicht lieben. Und hier erfahren wir gleichzeitig, wer Gott ist, nämlich der heilige Schöpfer, der uns seine Liebe schenkt, die unser wahres Menschsein und zugleich die Erfüllung der von uns nicht erfüllten Forderung bedeutet.

Nun erst können wir ganz verstehen, warum alle philosophische Gotteserkenntnis den wahren Gott nicht zu erreichen vermag. Sie kann nichts wissen vom liebenden Gott, weil sie ja als sich selbst genügendes menschliches Denken nicht der Selbstmitteilung Gottes begegnet, sondern im Denken des einsamen Ichs gefangen bleibt. Vom liebenden Gott vermag uns das philosophische Denken nichts zu sagen, denn vom liebenden Gott erfährt man bloss in der Selbstkundgebung Gottes, die die Mitteilung seiner Liebe ist. Die philosophische Gotteserkenntnis vermag nicht den lebendig-persönlichen Gott zu erkennen, weil die Erkenntnis seines liebenden Personseins nur da geschehen kann, wo das Ich nicht mehr Mittelpunkt seiner eigenen Denkwelt ist, sondern wo es dem begegnet, der selbst der Mittelpunkt ist, das menschliche Ich geschaffen und ihm die Bestimmung gegeben hat, von der Liebe des Schöpfers zu leben. Die Wahrheit, die die Philosophie findet, ist immer Wahrheit als Gedanke. Die Wahrheit Gottes aber ist Wahrheit als Mitteilung und Begegnung. Es ist die Wahrheit, die Gott selbst ist und die nicht gedacht, sondern nur empfangen werden kann.

Ebenso können die Religionen den wahren Gott darum nicht erreichen, weil sie nicht begründet sind auf diesem Faktum der sich selbst hingebenden heiligen Gottesliebe. Es geht hier nicht darum, ein Urteil über den Wahrheitsgehalt der philosophischen Gotteslehre und der ausserbiblischen Religionen zu fällen. Wenn es jedoch wahr ist, dass Gott die heilige Liebe ist, dann ergibt sich, dass dieser Gott nur da erkannt werden kann, wo er sich selbst in heiliger Liebe offenbart, so, wie er es am Kreuz Jesu Christi getan hat. Darum ist der Gott, der sich als Vater Jesu Christi kundtut, ein anderer als der Gott der Religionen und ein anderer als der Gott der philosophischen Spekulation. Es ist der Gott, der eins ist mit dem, der das Geheimnis seines Willens kundgetan hat. Und das ist der eigentliche Inhalt der rechtverstandenen Lehre von der Dreieinigkeit Gottes.

III. KAPITEL

Die Erbsünde

Zwischen der Frage nach Gott und der Frage nach dem Menschen scheint zunächst keine notwendige Beziehung zu bestehen. Während heute viele Menschen nicht nach Gott fragen, da sie diese Frage entweder nicht interessiert oder weil sie diese für unbeantwortbar halten, kann doch kein denkender Mensch um die Frage herumkommen, wer er selber sei. Diese Frage scheint ja auch im Bereich menschlicher Erfahrung und menschlicher Erkenntnis zu liegen. Wie sollten wir nicht wissen können, wer wir selbst sind, da wir doch unser nächster Erkenntnisgegenstand sind, derjenige unter allen Gegenständen der Erkenntnis, von dem wir zugleich die reichste und die intimste Erfahrung besitzen? Und doch zeigt die Geschichte der Bemühungen um die Erkenntnis des Menschen, dass es dem Menschen offenbar gar nicht leicht gefallen ist und auch heute nicht leicht fällt, sich selbst zu erkennen. Das gnothi s' auton war nicht umsonst die Inschrift auf dem Tempel zu Delphi, wo nicht das auf der Hand Liegende, sondern das Geheimnisvolle kundgegeben zu werden pflegte. So wird es auch nicht von ungefähr sein, dass einer der grössten Weisen, Sokrates, die Selbsterkenntnis des Menschen zum eigentlichen Gegenstand philosophischer Nachforschungen gemacht hat. Überblicken wir die Geschichte der menschlichen Selbsterkenntnis, von den ältesten Zeiten bis in die jüngste Vergangenheit und die Gegenwart, so werden wir auf eine seltsame Tatsache gestossen. Die älteste, primitivste Stufe menschlichen Denkens über den Menschen zeigt uns, dass der Mensch sich zunächst ganz in die ihn umgebende Natur einreihte, zwischen sich und den übrigen Lebewesen keine scharfe Grenze zog und sich selbst als eins von den Tieren und umgekehrt das Tier als ein ihm ganz Verwandtes, Menschenähnliches betrachtete. Etwas Ähnliches ist auch heute wieder der Fall. Seit jener Erneuerung der biologischen Wissenschaft, die vor allem durch den Namen Darwin gekennzeichnet ist, haben die Menschen wieder angefangen, sich selbst als einen Teil der Naturwelt und den Menschen als eine blosse Spezies innerhalb des Genus der Säugetiere zu betrachten. Die Methoden der Erkenntnis sind andere geworden als zur Zeit der Primitiven, aber das Resultat ist ein ähnliches. Vielleicht ist daraus auch einigermassen die Rückkehr zu primitiven Lebensformen, die für die neueste Entwicklung des Menschengeschlechts charakteristisch erscheinen, erklärbar. Denn, das dürfen wir vorweg nehmen, die Art, wie sich der Mensch selbst betrachtet, erweist sich von grösster Bedeutung für das, was er in seinem Leben erstrebt und wie er sich praktisch verhält.

Es liegt in der Tat nahe, den Menschen als eine blosse Spezies innerhalb des Genus Säugetier zu betrachten, da er mit ihm ja soviele körperliche Merkmale gemeinsam hat, dass die Verwandtschaft kaum zu leugnen ist. Diese Verwandtschaft ist selbstverständlich keine neue Entdeckung. Sie war schon den Alten bekannt, wenn auch noch nicht so genau wie unserem zoologisch so viel kenntnisreicheren Geschlecht. Es müssen darum gewichtige Tatsachen gewesen sein, die schon in alter Zeit, namentlich bei den Griechen, dazu führten, den Menschen als ein Wesen ganz besonderer Art dem Tier und der

übrigen Natur gegenüberzustellen. In der Tat gibt es solche Tatsachen. Sie sind auch heute noch genau so zwingend wie damals. Während der Mensch nämlich physisch dem Tier ähnlich ist, unterscheidet er sich von ihm geistig so sehr, dass man sich fragen kann, ob man berechtigt sei, beim Tier überhaupt von etwas Geistigem zu sprechen. Fassen wir Geist zunächst einmal als diejenige Grösse, die sich im Menschen beim Aufbau einer Kultur manifestiert, und verstehen wir unter Kultur den Inbegriff dessen, was der Mensch über den Bereich des vital Notwendigen hinaus schafft und gestaltet, so dürfen wir, ohne ernstlichen Widerspruch befürchten zu müssen, behaupten, dass der Mensch allein Geist habe. Er allein schafft Kultur. Kein Tier erforscht die Wahrheit um der Wahrheit willen, keines schafft Neues, um darin seinen Geist auszudrücken, keines schafft Kunst aus Freude am Schönen, keines verehrt Gottheiten um des Heiligen willen. Eine gewisse auf Verstandesüberlegungen begründete Technik ist einigen Tierarten nicht abzusprechen; alle ihre Verstandeskräfte jedoch dienen genau denselben Zwecken wie ihre Naturinstinkte: der Lebenserhaltung des einzelnen und der Gattung. Irgendeine Spur von Kultur, d. h. von geistiger Gestaltung als Ausdruck nichtlebensnotwendiger, rein geistiger Bedürfnisse, wie Interesse an der Wahrheit, an der Schönheit, am Guten und am Heiligen vermögen wir bei ihnen nicht wahrzunehmen.
Wer im Britischen Museum aus den beiden grossen Korridoren, wo die ägyptischen und die assyrisch-babylonischen Skulpturen aufgestellt sind, in den dritten eintritt und plötzlich die Figuren des Parthenonfrieses sich gegenüber sieht, der erlebt wohl etwas von dem, was weltgeschichtlich das Griechentum bedeutet: die Loslösung der Menschengestalt aus der

Tiergestalt, die Entdeckung des Humanen und seines Prinzips, des Geistes, der Vernunft. Was in der griechischen Kultur, in ihrer Kunst und Wissenschaft, elementares Erlebnis war, das haben die Philosophen, allen voran Plato, in Begriffen von unvergleichlicher Klarheit und Tiefe zum unverlierbaren Erkenntnisbesitz gemacht. Es sind Erkenntnisse, die die Menschheit nicht vergessen kann, ohne damit sich selbst zu verlieren. Der Mensch lebt nicht nur um zu leben; er will wissen, warum und wozu er lebt, er will und muss sich selbst Rechenschaft geben darüber, was das rechte Leben sei. Er muss nicht seinen Naturinstinkten blindlings folgen wie das Tier; er kann sich über sie erheben, kann nach einer Wahrheit forschen, ohne nach dem Nutzen zu fragen, kann Schönes gestalten, das er nie gesehen hat, kann nach einem Guten streben, das von ihm Opfer an Wohlsein, ja sogar das Opfer des Lebens fordert. Der Mensch erkennt nicht nur was ist, sondern was sein soll; sein Geist ist nicht zufrieden mit der Beschaffung dessen, was sein Leben angenehm und sicher macht, er muss nach einem ewigen Sinn und einem Grund von allem fragen. Er erkennt nicht nur Dinge, die ihm nützen oder schaden, sondern er erkennt eine göttliche Ordnung in allen Dingen, das Gesetz des Wahren, des Schönen und des Guten. Der Mensch erkennt nicht nur Wirklichkeit, sondern einen Sinn für das, was wirklich ist. Die Griechen fassten das alles in dem bedeutungsschweren Wort Logos zusammen; denn in der sinnvollen Rede erfassten sie am deutlichsten dieses Prinzip der Singebung und der Begründung. Der Mensch ist also nicht nur ein Naturwesen, sondern Träger des Logos. Es ist also in ihm nicht nur Naturkraft, sondern ein göttliches Prinzip, das ihm den ewigen Sinn der Dinge aufschliesst. Durch sein Denken, durch sein Verstehen der göttlichen Sinnordnung hat also der Mensch Anteil am göttlichen Geist, an jenem Logos, der als ordnendes und sinngebendes Prinzip die Welt durchwaltet und sie zu einem Kosmos macht. Die Vernunft, die den Menschen über das Tier erhebt, ist also zugleich die Grösse, die ihn mit dem Göttlichen verbindet und ihn im tiefsten Grunde mit ihm eins macht.

Das ist der Grundgedanke der idealistischen Philosophie, die seit den Tagen Platos nicht aufgehört hat, Menschen zu begeistern und zu hohen Dingen anzutreiben. Es ist etwas Hinreissendes und Beglückendes, zugleich etwas tief Verpflichtendes und mit Ehrfurcht Erfüllendes, das in diesem Verständnis des Menschen als Träger göttlichen Geistes liegt. Nicht umsonst hat Plato im Phaidros den Enthusiasmos, die göttliche Inspiration, als Grundlage aller echten Philosophie bezeichnet. Offenbar ist der Mensch aber nicht fähig, dauernd in dieser Begeisterung zu leben. Irgendwie scheint diese hohe Auffassung vom Wesen des Menschen mit der Wirklichkeit des Alltags in Widerspruch zu stehen. So bedeutend auch das Wahrheitselement dieser Lehre sein mag, so erweist sie sich doch bei näherer Prüfung an der Wirklichkeit als eine Halbwahrheit, die mit Notwendigkeit zu Illusionen führt. Es ist, wie wir in diesen furchtbaren Jahren erlebt haben, höchst gefährlich, wenn der Mensch sich für ein Tier hält – denn dann wird er ein Tier, und zwar das gefährlichste von allen. Es ist aber nicht weniger gefährlich, wenn er sich für ein göttliches Wesen hält – denn dann täuscht er sich über die ihm gesetzten Grenzen und erkennt die in seinem Wesen liegenden Gefahren nicht. Die naturalistische Auffassung des Menschen, wie sie durch die einseitige Berücksichtigung biologischer Tatsachen und Erkenntnisse entsteht, raubt dem Menschen die Würde und gibt ihm das Gefühl der Nichtigkeit und Zufälligkeit seines Seins. Die idealistische Auffassung des Menschen, wie sie aus der einseitigen Berücksichtigung der im menschlichen Geist zum Bewusstsein kommenden Normgesetze entsteht, macht den Menschen hochmütig und verbirgt ihm die eigentliche Problematik seines Seins. Der Mensch ist weder Tier noch Gott. Dieses Mittlere, das er ist, und wie er dieses Mittlere ist, kann aus keinen allgemeinen Prinzipien abgeleitet werden. Hier sind wir an dem Punkt angelangt, wo die christlich-biblische Erkenntnis des Menschen aktuell wird.

Der erste Satz der christlichen Lehre vom Menschen heisst: Der Mensch ist Kreatur. Damit ist gesagt, dass er nicht Gott, sondern dass er von Gott geschaffen ist. Das Gottsein kommt, wie wir im letzten Kapitel gesehen haben, ganz allein Gott zu. Es gibt nur zwei Arten des Seins, das Gott allein zukommende göttliche Sein und das kreatürliche Sein; zwischen diesen beiden gibt es kein Mittleres. Alles Heidentum besteht in der Behauptung einer Kontinuität zwischen dem Göttlichen und dem Kreatürlichen, in der Nichtanerkennung der absoluten Schranke, die das göttliche Sein vom Kreatürlichen trennt. Ich allein bin Gott – das ist die Grundaussage der ganzen biblischen Offenbarung. Der Mensch ist eine besondere Art von Kreatur, er hat seine ausgezeichnete Stellung innerhalb der göttlichen Schöpfung; aber das ändert nichts daran, dass er wie alles andere Kreatur ist. Der deutlichste Ausdruck dieser seiner Kreatürlichkeit ist seine Leiblichkeit. Durch sie sind wir an eine bestimmte Stelle der raumzeitlichen Welt gestellt – hier, nicht dort, jetzt nicht damals. Wir sind begrenzt. Der zweite deutliche Hinweis auf diese Kreatürlichkeit ist unsere

Vielheit. Wir sind nicht wie Gott einer, sondern viele, und diese Vielheit ist zugleich die Begrenztheit eines jeden. Sie kommt am deutlichsten zur Erscheinung in der unaufhebbaren Individualität eines jeden. Was der eine ist, ist kein anderer; alle Einheit der Erkenntnis und des Wollens hat an dieser Individualität ihre unübersteigbare Schranke.

Diese scheinbar evidenten Aussagen bekommen aber ihr volles Gewicht erst, wenn wir zu dem Satz von der Geschöpflichkeit des Menschen den andern hinzufügen, dass der Mensch eine Kreatur besonderer Art ist. Die Bibel gebraucht für die Bezeichnung dieser besonderen Art ein Gleichnis: Sie nennt den Menschen – und ihn allein – «geschaffen nach dem Bilde Gottes». In diesem Satz liegt das inbegriffen, was wir den christlichen Humanismus im Unterschied zum idealistischen nennen können. Was ist mit diesem Gleichnis gemeint? Offenbar soll damit eine Ähnlichkeit mit dem göttlichen Sein ausgesprochen werden, also etwas, das jenem idealistischen Gedanken, dass der Mensch Träger des göttlichen Logos sei, verwandt zu sein scheint. Und doch sagt der biblische Begriff der Imago Dei etwas ganz anderes. Wie gross nämlich immer die Ähnlichkeit sein mag, so beruht sie doch auf der absoluten Unähnlichkeit, dass Gott als dem Schöpfer allein unabhängiges, aus sich selbst lebendes Sein zukommt, während dem Menschen als einem Geschöpf nur ein abhängiges, bedingtes Sein eignet. Nur innerhalb dieser absoluten Unähnlichkeit ist nun von der dem Menschen eigentümlichen Gottähnlichkeit zu sprechen. Man hat in der Geschichte der Theologie diese Ähnlichkeit oder Gottebenbildlichkeit verschieden ausgedeutet, was darum nicht verwunderlich ist, weil die Bibel darüber weder sehr ausführlich, noch unbedingt einheitlich spricht. Der Begriff der

Imago Dei gehört – wie etwa der der Geschichte – zu denjenigen, die mehr zwischen den Zeilen, aus dem Gesamtzeugnis der Schrift heraus, als aus einzelnen Bibelstellen zu verstehen sind. Das Zeugnis der Schrift über das dem Menschen allein Eigentümliche ist aber durchaus nicht undeutlich. Der Mensch allein ist geschaffen, Gottes Wort zu vernehmen. Er allein hat die Bestimmung, mit Gott in Gemeinschaft zu leben. Nicht das macht den Menschen zum Menschen, dass er denken, dass er sich durch Begriffe und Ideen über die Sinnenwelt erheben kann, dass er durch seinen Geist die Natur zu erkennen und zu beherrschen vermag. Das alles *ist* nicht das wesentlich Menschliche, wenngleich es zu ihm gehört. Das wesentlich Menschliche aber ist sein Personsein und damit seine Fähigkeit, mit Gott zu reden und ihm zu antworten. Sein Antworten geschieht in allem, was er tut und nicht tut, denkt und nicht denkt, will und nicht will. Der Ruf Gottes ist also immer das erste und das, was das Charakteristische des Menschseins, das Antworten, möglich macht. Der Mensch ist so geschaffen, dass eine bestimmte Antwort von ihm erwartet ist: Der Kern des Menschseins ist die Ver-antwortlichkeit und diese ist der Kern des menschlichen Personseins.

Hier liegt der Unterschied gegenüber dem griechisch-idealistischen Humanismus. Der Mensch ist nicht Träger eines göttlichen Logos und damit göttlichen Wesens teilhaftig. Das Einzigartige seines Wesens liegt nicht in einem Wesenszustand, sondern in seiner Beziehung zu dem, der ihm Leben und Bestimmung gibt. Nicht der Geist oder die Vernunft ist das Gott-ebenbildliche Wesen des Menschen, sondern die Verantwortlichkeit gegenüber dem Schöpfer und die ihr zugrundeliegende Bestimmung zur Gemeinschaft mit Gott. Das Wesen des menschlichen Personseins im Unterschied zu allem andern Sein ist die Bestimmung zur Gemeinschaft mit dem Gott, dessen Wesen selbst Wille zur Gemeinschaft, Liebe ist. Darum ist nicht die Vernunft, nicht der schöpferische Geist das wahrhaft Menschliche, sondern die Liebe, der alles Schaffen und alles Denken untergeordnet ist. Darum kann der Mensch nicht in sich selbst und für sich allein das wahrhafte Menschsein zum Ausdruck bringen, sondern nur in der Gemeinschaft, in der Gottesgemeinschaft, die als Liebe Gottes und als Liebe zu Gott die Gemeinschaft mit dem Mitmenschen begründet.

Nun besteht aber der Gegensatz gegenüber der idealistischen Auffassung nicht nur in dieser Gebundenheit an Gott und in der Verbundenheit mit den Menschen als Inhalt der Imago Dei, sondern vor allem in einem zweiten, nämlich darin, dass sich der Mensch in Wirklichkeit zu seiner göttlichen Bestimmung und zum Schöpfer selbst im Widerspruch befindet. Auch die griechischen Denker wissen etwas vom Bösen und unter den neueren Vertretern des Idealismus hat vor allem Kant in seiner Lehre vom radikalen Bösen ein Bild der menschlichen Wirklichkeit entworfen, die alles andere als begeisternd und erhebend ist. Es ist ja keinem ernsthaften Interpreten des Menschenwesens möglich, von dieser dunklen Seite der menschlichen Wirklichkeit ganz abzusehen. Weder Plato noch seine Nachfolger haben den Menschen in seiner Wirklichkeit mit der göttlichen Idee des Menschen einfach identifiziert. Wenn sie aber darüber Auskunft geben mussten, was denn der eigentliche Grund des Gegensatzes zwischen dem Menschen der Idee und dem der Wirklichkeit sei, so fanden sie keine andere Antwort als den Hinweis auf die sinnliche Natur. Ihnen schien die Lösung des Menschenrätsels darin zu liegen, dass der Mensch nicht bloss Geistwesen, sondern zugleich tierisches Triebwesen ist. Die Erfahrung schien ihnen diese Erklärung zu bestätigen; denn die tierischen Triebe sind es ja doch, die den Menschen erniedrigen, die ihn von der Bahn seiner geistigen Bestimmung ablenken und die Menschen untereinander in Gegensatz, Streit und Kampf verwikkeln. Von dieser animalischen Triebgebundenheit sich zu befreien muss darum, so scheint es, die eigentliche Aufgabe der menschlichen Bildung und des menschlichen Strebens sein.

Diese Auffassung des Bösen bleibt jedoch an der Oberfläche und wird dem wahrhaft unheimlichen Phänomen des Bösen nicht gerecht. Das Unheimliche des Bösen besteht gerade darin, dass es seinen Sitz und Ursprung nicht in der sinnlich-animalischen Natur, sondern im Geist hat. Das ist von den griechisch-idealistischen Voraussetzungen aus nicht zu verstehen, wohl aber von jenem Gedanken der Gottebenbildlichkeit her, wie wir ihn soeben als den biblischen gekennzeichnet haben. Hat nämlich der Mensch sein wahres Menschsein aus seiner Gottesbeziehung und damit aus der Anerkennung seiner Verantwortung gegenüber dem Schöpfer, so besteht ja von vornherein auch die Möglichkeit, dass dem Menschen diese in der Verantwortlichkeit begründete Freiheit nicht genügt, weil er statt in Gott und aus Gott *von* Gott frei sein will. Statt in Gehorsam, Dankbarkeit und Vertrauen sein Leben aus Gottes Hand zu nehmen, kann der Mensch auf den Gedanken verfallen, durch die Kraft seines eigenen Geistes sein Leben selbst zu bestimmen und zu schaffen. Er kann sich kraft dessen, was ihm der Schöpfer gibt, vom Schöpfer emanzipieren und sich selbst zum Herrn seines Lebens machen. Das ist es, was die Bibel die Sünde nennt. Die Sünde hat zunächst mit animalischer Triebgebundenheit nichts zu tun. Sie hat einen rein geistigen Ursprung und ist darum viel gefährlicher als das, was die idealistische Philosophie das Böse nennt. Sünde ist, dass sich der Mensch selbst zum Gott macht. Kaum je ist dieses Böse deutlicher hervorgetreten als in der Lehre von zwei grossen Denkern des letzten Jahrhunderts, die wohl mehr als irgendwelche andern auf die Anschauungen unserer Generation eingewirkt haben: Karl Marx und Friedrich Nietzsche. Karl Marx geht aus von dem Satz: Nur derjenige Mensch ist frei, der sein Leben sich selbst verdankt; darum ist der eigentliche Sündenfall des Menschen die Anerkennung eines Gottes, von dem der Mensch abhängig ist. Und Nietzsche lässt seinen Zarathustra sagen: «Gäbe es Götter, wer hielte es aus, kein Gott zu sein, also gibt es keine Götter.»

Das sind zwei klassische Neuprägungen jenes uralten Wortes der Schlange im Paradies, mit denen sie die Menschen verführte: «Ihr werdet sein wie Gott». Nicht in der sinnlichen Natur des Menschen liegt der Grund des Bösen, sondern im Willen, die Schranken der kreatürlichen Freiheit zu sprengen und, statt bedingt, unbedingt frei zu sein, also in einem von Hybris diktierten Verständnis und Willen zur Freiheit. Wie die Imago Dei nicht in einem im Menschen selbst vorliegenden Wesen des Menschen liegt, sondern in seiner Beziehung zum Schöpfer, so ist auch das Böse nicht in einem Teil der Natur, nämlich im Animalisch-Sinnlichen begründet, sondern im Gottesverhältnis, nämlich in der Negation der von Gott gegründeten und dem Menschen als Bestimmung gegebenen Gottesbeziehung.

Das Böse, im biblischen Sinne als Sünde verstanden, ist also weder eine unglückliche Zusammensetzung der menschlichen

Natur, noch eine blosse Folge der Endlichkeit oder Begrenztheit des Menschen durch etwas Ungeistiges, sondern ganz und gar Tat des Geistes, Rebellion des Geschöpfes gegen den Schöpfer, oder Misstrauen und Undankbarkeit des Geschöpfes, dem es nicht genug scheint, Freiheit und Leben zu empfangen, sondern das nur dann wahrhaft frei zu sein glaubt, wenn es sein eigener Herr ist und sein Leben selbst gestaltet. Durch diesen trotzig-ohnmächtigen Versuch der Loslösung von Gott verwickelt sich nun aber der Mensch in einen heillosen Widerspruch seines Wesens. Er ist nicht Gott und will doch Gott sein; er ist nur in der Gebundenheit an Gott frei und wird nun durch die Leugnung dieser Gebundenheit unfrei. Er ist dazu geschaffen, einen Gott zu haben; indem er sich von Gott loslöst und sich selbst zum Gott machen will, wird ihm nun gegen seinen Willen die Welt zum Gott. Erst jetzt, also sekundär und nicht primär, wird seine sinnliche Natur zu einer Quelle des bösen Begehrens. Nicht die Sinnlichkeit vergiftet den Geist, sondern der Geist in seiner Gottlosigkeit vergiftet die Sinnlichkeit, die nun ihrerseits aus einem dienenden Werkzeug zu einem selbstherrlichen Prinzip wird. Vor allem aber wirkt sich die Sünde konkret aus als Selbstsucht. Der sich selbst zum Gott machende Mensch möchte, dass alles ihm dient. Indem er die Liebe Gottes als Prinzip seines Lebens und seiner Freiheit verwirft, wird ihm die Liebe zu sich selbst das alles dominierende Motiv, und da jeder Mensch sein eigener Herr sein und also jeden anderen zu seinem Diener machen will, entsteht notwendig der Kampf um die Herrschaft als wichtigstes Merkmal der menschlichen Geschichte.

Wir haben bisher von diesem Bösen als von einer Möglichkeit

gesprochen, die als Möglichkeit in der göttlichen Schöpfung des Menschen zum Ebenbilde Gottes liegt. Der Mensch kann sich von Gott emanzipieren; diese Freiheit liegt in der Verantwortlichkeit, die sich nur in Entscheidung realisieren kann. Aber nun geht die biblische Lehre darüber hinaus. Sie sagt nicht: Der Mensch kann sündigen. Vielmehr stellt sie fest: Der Mensch ist Sünder geworden. Und nicht nur dieser oder jener Mensch, sondern der Mensch schlechthin. Das ist der Inhalt der Lehre vom Sündenfall. Mit dieser Begebenheit will sie keine Geschichte erzählen, sondern auf einen Tatbestand hinweisen. Die Bibel sagt nicht, warum der Mensch der Stimme der Versuchung folgte, warum er Gott misstraute, warum er die falsche Freiheit wählte, die doch nicht Freiheit, sondern Unfreiheit ist. Das alles lässt sie als ein unbegreifliches Rätsel der menschlichen Wirklichkeit stehen. Jede Erklärung der Sünde macht aus der Tat der Sünde ein Schicksal. Die Bibel aber will gerade daran festhalten, dass die Sünde Tat ist.

Nun macht sie allerdings über diese Tat noch zwei weitere Aussagen – nicht um sie zu erklären, sondern um ihre unheimliche Grösse zu verdeutlichen. Die kirchliche Theologie hat versucht, diese zwei weiteren Aussagen genauer zu formulieren und dem Verständnis näher zu bringen. Die eine Aussage bezieht sich auf die Totalität des Menschen in seiner Sünde, die zweite auf die Totalität und Einheit aller Menschen in der Sünde Adams.

Die erste Aussage bereitet uns nach dem, was im Gegensatz zum idealistischen Verständnis des Bösen gesagt wurde, nicht allzugrosse Schwierigkeiten. Während das griechisch-idealistische Denken die Lösung des Problems darin sucht, dass der

Mensch nicht nur Geist ist, sondern leider auch eine sinnlich-animalische Naturseite hat, lehnt die Bibel diese Anschauung als Beleidigung der guten Schöpfung Gottes und als falsche Entschuldigung des Menschen ab. Nicht ein Teil des Menschen ist am Bösen schuld, sondern der ganze Mensch. Darum wird auch nicht nur ein Teil des Menschen in das Böse verstrickt, sondern der ganze Mensch. Wo es um die Verantwortlichkeit des Menschen Gott gegenüber geht, da gibt es keine Teile der menschlichen Natur, sondern nur die eine Person, die in ihrer Ganzheit von Gott aufgerufen und in seinen Dienst gestellt wird. So ist es denn auch der ganze Mensch und nicht ein Teil des Menschen, der sich von Gott abwendet und die Selbstherrschaft sucht. Erst infolge der Sünde entsteht ein Gegensatz zwischen Leib und Geist, zwischen sinnlich-animalischen Funktionen und geistigen Akten. Die Dissoziation des höheren und niedrigeren, des zur Herrschaft und des zum Dienst berufenen Wesens unserer Natur, ist nicht die Ursache, sondern die Folge der Sünde. Das kommt darin zum Ausdruck, dass wir nicht nur Sünde tun, sondern Sünder sind. Das will nun aber nicht heissen, dass von der göttlichen Schöpfung am Menschenwesen nichts mehr zu erkennen wäre, dass der Mensch sozusagen nur aus Sünde bestünde. Der Ausdruck depravatio totalis, der im späteren Calvinismus zum Schlagwort wurde, ist nicht biblisch, so biblisch auch seine eigentliche Intention sein mag. Das Ich ist nicht teilbar; ich bin für meine Sünde verantwortlich. Mögen einzelne Charaktereigenschaften sozusagen für sich bestehende Zentren sein, vielleicht sogar solche, die bestimmten, isolierbaren körperlichen Beschaffenheiten entsprechen, so ist doch die Sünde, das Sündhaftsein, eine ebenso unteilbare Einheit und Ganzheit wie das Ichsein.

Damit haben wir schon die zweite Aussage angerührt, die vom Zusammenhang aller Menschen in der Sünde, von der Totalität der Menschheit in der Sünde handelt. Dieser Punkt ist viel schwieriger aufzuhellen. Die Bibel hat diese Einheit in der Gestalt des Urvaters Adam repräsentiert gefunden. Der Gehalt der biblischen Lehre ist nicht an diese mythische Gestalt gebunden. Was uns die Bibel mit dieser mythischen Erzählung sagen will, ist dieses: Wie der einzelne Mensch, so ist auch die ganze Menschheit in der Sünde eine Einheit. Damit ist nicht nur gesagt, dass alle Menschen Sünder sind, wie wenig dies auch überall da bestritten werden mag, wo man überhaupt den Tatbestand der Sünde anerkennt. Es meint noch etwas Tieferes, nämlich den unaufhebbaren Zusammenhang der Menschen in der Sünde. Wie die einzelnen Erdbeerpflanzen unter dem Boden durch ein Geflecht von Wurzeln miteinander verbunden sind, so besteht eine empirisch nicht zu durchschauende Verflechtung aller Menschen in der Sünde, die irgendwie die Sünde eines jeden zur Sünde aller andern macht. Es besteht also eine Solidarität sowohl der Schöpfung nach Gottes Ebenbild, wie auch eine Solidarität der Sünde. Es kann nicht ein Mensch geschändet werden, ohne dass damit auch die andern mitgeschändet werden. Es gehört zum Wesen des Menschen, dass jeder einzelne nicht nur dieser einzelne und nicht nur ein Exemplar einer Spezies, sondern in einer ganz unvergleichlichen Weise auch die ganze Menschheit ist. Was die neueste Psychologie im Begriff des Kollektiv-Unbewussten als Tatbestand zur Erkenntnis gebracht hat, ist zwar nicht die Sache selbst, wohl aber eine Erscheinungsform dessen, was die christliche Lehre im Begriff der Ursünde zum Ausdruck bringt. Dabei ist wohl zu beachten, dass die Bibel nirgends den Begriff einer vererbten Sünde verwendet. Vererbung ist eine biologische Kategorie, die niemals in die Tiefe des wahrhaft Personalen hinabreicht, und die, in der Anwendung auf die Sünde, einen verhängnisvollen Determinismus und Naturalismus mit sich bringt, der dem biblischen Denken völlig fremd ist.

Wenn wir sagen, der Mensch begehe nicht bloss Sünde, sondern er sei Sünder und die Menschheit als Ganzes sei eine sündige Menschheit, so ist damit wohl eine für uns unentrinnbare Gegebenheit gemeint. Trotzdem ist durch diese Aussage die Verantwortlichkeit nicht ausgeschaltet. Sünde ist Tat und Zustand zugleich. Sie ist ein je und je neues Tun, aber auch ein Sein, das sich in Taten manifestiert.

Wir stossen hier auf eine Grenze unserer Erkenntnis und auf eine Glaubenserfahrung, die wir nicht in widerspruchslosen Gedanken zu formulieren vermögen. Das Wesen der Sünde liegt darin, dass sie zugleich unsere Tat und unser jetziges Wesen ist. Wenn wir vor Gott stehen, wissen wir davon, auch wenn wir nicht begreifen können, weshalb es so ist. Ich, nicht Gottes Schöpfung, bin verantwortlich für meine Sünde; gleichzeitig ist meine Sünde, die auch die Sünde aller Menschen ist, eine Macht, der ich mich nicht zu entziehen vermag. Ich kann mich nicht selbst zu dem machen, was ich von der göttlichen Bestimmung aus gesehen bin; ich bin ein gefallener und in meinem gottwidrigen Wesen gefangener Mensch, und ich bin dies als Glied einer gefallenen Menschheit. Keine sittliche oder religiöse Anstrengung kann mich aus diesem sündigen Zustand herausheben, eben darum, weil ich selbst, und nicht bloss ein Teil von mir, von dieser Sünde betroffen bin. Diese ganze Erkenntnis, sowohl unserer Schöpfung nach dem Bilde Gottes wie auch unserer Sünde, können wir nicht auf dem Wege der psychologischen Selbstschau gewinnen. Es gehört mit zum Wesen der Sünde, dass sie unseren Blick trübt, dass wir uns immer entschuldigen, sei es dadurch, dass wir zwar unser Nichtanderskönnen zugeben, aber dieses als eine Naturtatsache, als ein determiniertes, schicksalhaftes Faktum hinnehmen. Oder wir entschuldigen uns umgekehrt dadurch, dass wir die Sünde in idealistischer Weise abschwächen und bloss unsere sogenannte niedrige Natur dafür verantwortlich machen; oder dadurch, dass wir bloss einzelne böse Taten, nicht aber unser sündiges Sein zugeben. Die Erkenntnis der Sünde ist eine Erkenntnis des Glaubens, die uns gleichzeitig mit der Erkenntnis unserer Erlösung durch Jesus Christus zuteil wird. Davon soll im nächsten Kapitel mehr gesagt werden. Obgleich wir nun diese Erkenntnis nicht anders als im Glauben gewinnen können, so entspricht sie doch genau den Tatsachen der natürlichen Erfahrung mit uns selbst und mit den andern Menschen.

Das Bild des Menschen, das wir im eigenen Leben und aus der Geschichte der Menschheit gewinnen, ist überaus rätselhaft und widerspruchsvoll. Es trägt an sich jenen Widerspruch, den Pascal in seinem bekannten Doppelbegriff der «grandeur et misère de l'homme» gefasst und den er mit unvergleichlicher Wirklichkeitstreue und psychologischer Scharfsicht als Bild des wirklichen Menschen herausgearbeitet hat. So ist der Mensch der Wirklichkeit immer wieder und überall der von Gott zu seinem Ebenbild geschaffene und mit dieser seiner göttlichen Schöpfung und Bestimmung im Widerspruch

stehende Mensch, dieser vor Gott verantwortliche und vor Gott fliehende, dieser roi dépossédé, der nie ganz vergessen kann, dass er zum Höchsten bestimmt ist und doch fortwährend dieser seiner Bestimmung zuwiderhandelt, dieser mit sich selbst im Widerspruch lebende, sich aus dem Widerspruch heraussehnende und sich doch immer neu in den Widerspruch verstrickende Mensch. Überall finden wir diese widerspruchsvolle Doppelheit, ob wir uns mit der Psychologie des Einzelnen befassen oder den grossen geschichtlichen Bewegungen und sozialen und kulturellen Erscheinungen nachgehen. Es ist nicht so, wie William James es uns glauben machen wollte, dass es zweierlei Menschen gebe, die Harmonischen und die Gespaltenen. Gewiss gibt es grosse Unterschiede von der Art, wie sie James uns vorführt; aber auch die sogenannt Harmonischen sind Sünder und leben, auch wenn sie es nicht merken, im Widerspruch zu ihrer Bestimmung. Umgekehrt sind die Gespaltenen nicht, wie er es haben will, «sick souls», sondern solche, die etwas mehr als die andern davon erfahren haben, wie es mit ihnen und mit allen Menschen steht.
Zum Schluss möchte ich die Frage aufwerfen, die sich gerade aus der letzten Beobachtung ergibt: Welche Folgen hat das menschliche Selbstverständnis dieser oder jener Art? Man kann diese Frage auf verschiedenen Ebenen beantworten. Die furchtbaren Jahre des vergangenen Krieges und die ihnen vorangegangenen der totalitären Revolutionen haben uns gezeigt, wie das Verständnis des Menschen die Basis aller sozialen Ordnungen und aller Kultur ist. Die Anerkennung einer nicht von Menschen, sondern von Gott verliehenen Menschenwürde ist die Voraussetzung aller staatlichen und sozialen Gerechtigkeit. Ihre Verneinung bedeutet die Auslieferung des

Menschen an die Macht des Staates und ist, im Prinzip, identisch mit dem totalen Staat. Der totale Staat entsteht überall dort, und nur dort, wo die Idee der Menschenwürde verloren gegangen ist. Die Idee der Menschenwürde aber ist, geschichtlich und sachlich betrachtet, nichts anderes als die Idee von der Gottebenbildlichkeit des Menschen.

Freilich scheint es uns möglich, die Menschenwürde auch, statt im christlichen, im idealistisch-humanistischen Sinn zu verstehen. So geschah es ja in der stoischen Philosophie, die soviel für die Schaffung des abendländischen Rechts geleistet hat. Aber diese idealistische Auffassung des Menschen ist immer wieder an den Tatsachen der menschlichen Wirklichkeit zerbrochen, von andern Schwächen, die mit ihr verbunden sind, wie z. B. dem abstrakten Egalitarismus, ganz zu schweigen. Es ist nun einmal auf die Dauer den Menschen nicht glaubhaft zu machen, dass sie eigentlich göttlichen Wesens sind; sie wissen, auch wenn sie keine Christen sind, zuviel von ihrer «misère», um der enthusiastischen Deutung des Idealismus ernstlich Glauben zu schenken. Darum hat es sich immer wieder so ergeben, dass den Zeiten idealistischer Vergottung des Menschen Zeiten materialistisch-naturalistischer Herabwürdigung des Menschen folgten. Auf die Epoche des idealistischen Hochflugs am Anfang des 19. Jahrhunderts folgte der Umschlag in den krassen Naturalismus, der vom Menschen nichts anderes mehr zu sagen wusste, als dass er ein besonders differenziertes und entwickeltes Tier sei. In der jüngster Zeit aber scheinen wir in eine besonders gefährliche Phase eines verwirrten Menschenverständnisses eingetreten zu sein: in eine seltsame Verbindung von Nihilismus und Selbstvergottung. Theoretisch lehrt man, der Mensch sei nichts anderes als ein Tier mit besonders stark entwickelter Grosshirnrinde. Gleichzeitig aber glaubt man von diesem Menschen, dass er vermöge seiner wissenschaftlichen Erkenntnis und technischen Befähigung alles könne, was er wolle. Die Vergottung, die man theoretisch mit dem Atheismus endgültig überwunden zu haben glaubt, kehrt gleichsam hinter dem Rücken wieder in der Gestalt der Vergottung des technisch-schöpferischen Menschen, dem nicht viel weniger als Omnipotenz zugeschrieben wird. Nachdem die Menschheit mit der Pseudoreligion der Rassen- und Blutvergottung fertig geworden ist, wird sie durch die nicht geringere Gefahr der technokratischen Pseudoreligion in ihrer Existenz bedroht. Menschliche Persönlichkeit, Freiheit und Gerechtigkeit haben weder in der einen, noch in der andern dieser neuen Menschenvergötterungen Raum, deren schlimmste doch wohl die ist, die den Menschen gleichzeitig zum Nichts und zum Gott macht.

Aus diesem unseligen Pendeln zwischen Verneinung aller Menschenwürde und massloser Übersteigerung bis zur Vergottung kann allein die christliche Erkenntnis helfen, die die Grösse und das Elend des Menschen gleichzeitig zur Geltung bringt und die allein der gesamten Erfahrung mit dem Menschen entspricht. Nur diese realistische Lehre vom Menschen, die sowohl seine Gottebenbildlichkeit wie seine Sündhaftigkeit kennt, wird imstande sein, eine soziale Ordnung zu schaffen, die für die Anerkennung der Menschenwürde Raum lässt und doch zugleich die notwendigen Sicherungen gegen die in ihm schlummernden furchtbaren Gewalten des Bösen anbringt. So stellt sich das Problem von aussen, von der Problematik des öffentlichen Lebens her gesehen.

Aber nun gehört es gerade mit zu den Verirrungen unserer Zeit, dass sie das Öffentliche masslos überschätzt und nicht erkennt, dass das wahrhaft Menschliche gerade nicht im Öffentlichen, sondern im Privatesten und Innerlichsten zum Ausdruck kommt. Früher kannte man den Unterschied zwischen dem Zeitlichen und dem Ewigen und wusste, dass alle staatliche und soziale Ordnung, so wichtig und entscheidungsvoll sie auch sein mag, zu den zeitlichen Dingen gehört. Staaten und soziale Ordnungen werden einmal, ob gut oder schlecht, nicht mehr sein; der Mensch aber ist für die Ewigkeit geschaffen und darum ist sein Verhältnis zum Ewigen die zentrale und einzige, letztlich entscheidende Frage seines Daseins. Gerade das ist, im Unterschied zum griechischen Idealismus, die christliche Erkenntnis. Dass der Mensch zu Gottes Ebenbild geschaffen worden ist, heisst zugleich, dass er für die Ewigkeit bestimmt ist; dass er ein Sünder ist, heisst zugleich, dass er diese seine ewige Bestimmung verwirkt hat. Seine «grandeur», um nochmals mit Pascal zu reden, ist seine Bestimmung zur Gottesgemeinschaft; seine «misère» ist seine Trennung von Gott und damit von der Quelle des ewigen Lebens durch die Sünde.

Wenn wir also fragen, was denn die Bedeutung der christlichen Selbsterkenntnis des Menschen sei, so muss die Antwort lauten: Durch sie allein erkennt der Mensch, wozu er geschaffen, was also der wahre Sinn seines Lebens ist. Durch sie allein erkennt er aber auch, wie es wirklich mit ihm steht und dass er verzweifeln muss, wenn nicht etwas völlig Neues an ihm geschieht. Es ist eine Erkenntnis, die zur Verzweiflung führt, aber diese Verzweiflung ist der einzigmögliche Zugang zur rettenden Erkenntnis, die uns durch die Botschaft von Jesus

Christus geschenkt wird. Die Einsicht in die Unfähigkeit des Menschen, sich selbst wieder zu dem zu machen, wozu er durch göttliche Schöpfung bestimmt ist, bildet das Tor zur Erkenntnis der rettenden Gnade Gottes, in der der christliche Glaube besteht und durch die er das Heil der Welt ist.

IV. KAPITEL

Der Mittler

Selbst unter denen, die sich zur christlichen Kirche zählen, gibt es viele, die wohl an Gott, aber nicht an Jesus Christus glauben. Gott ist für sie eine Wirklichkeit, ohne die sie sich ihr Leben nicht denken könnten; aber der Botschaft des Neuen Testamentes von Jesus Christus, dem Sohne Gottes, unserem Herrn, stehen sie verständnislos gegenüber. Sie hat für sie keine wirkliche Bedeutung. Ganz besonders ist ihnen der Gedanke fremd, der Tod Jesu am Kreuz habe die Bedeutung eines versöhnenden Opfers. Sie vermögen in diesem «paulinischen Gedanken» nichts anderes zu sehen als ein Überbleibsel einer primitiven Vorstellung von Gott als einem rachsüchtigen und blutdürstigen Wesen, dessen Zorn nur durch ein blutiges Opfer gestillt werden kann. Was ist der Grund dieser Entfremdung vom Zentrum der biblischen Botschaft? Um diese Frage richtig beantworten zu können ist es nötig, auf einen Wesenszug der neuzeitlichen geistigen Entwicklung hinzuweisen, auf den man in anderen Zusammenhängen schon lange aufmerksam geworden ist: auf die Entpersönlichung des modernen Lebensverständnisses. Wohl spielt der Gedanke der Person und des persönlichen Lebens auch im neueren Denken eine grosse Rolle. Eine Analyse dieses Persönlichkeitsbegriffes würde jedoch zeigen, dass der moderne Mensch, wenn er von Person und von Persönlichem spricht, meistens an etwas im tiefsten Sinne Unpersönliches denkt, nämlich an eine Funktion innerhalb der Gesellschaft oder der Kultur, an die geniale Schöpferpersönlichkeit und ihre Leistung, an die Rolle, die der Einzelne in einem bestimmten Lebensbereich spielt, an den Beitrag, den einer zum Gemeingut der Kultur beisteuert. Ebenso kann man immer wieder die Feststellung machen, dass die meisten Menschen unserer Zeit Persönlichkeit mit Individualität verwechseln. Was im strengen, absoluten Sinn Persönlichkeit ist, kann man nur verstehen, wenn man sich selbst dem persönlichen Gott gegenübergestellt weiss. Es ist das biblische und ganz besonders das neutestamentliche Evangelium, von dem die Menschheit gelernt hat und allein lernen kann, was Person ist. Nicht irgendein philosophischer Theismus, sondern allein die Offenbarung des lebendigen Gottes kann uns sagen, was der Begriff «der persönliche Gott» und was darum menschliches Personsein bedeutet.

Es ist das unbegreifliche Wunder der göttlichen Selbstoffenbarung, dass der Gott, der das ganze Universum geschaffen hat und der der Herr aller Völker ist, mich, diesen einzelnen Menschen, ansieht und mit mir, diesem Einzelnen, Gemeinschaft haben will. Er kennt mich und liebt mich. Er hat mich – nicht die Menschheit im allgemeinen – erwählt von aller Ewigkeit in Jesus Christus. Er sieht darum nicht auf meine Leistung und meine soziale Funktion; er sieht vielmehr darauf, ob ich ihn liebe von ganzem Herzen und aus allen meinen Kräften. Gott sieht das Herz an; das Herz aber ist die Person. Ja, nur dadurch, dass Gott mein Herz ansieht und mich zur Gemeinschaft mit ihm beruft, bin ich im wahren Sinne des Wortes Person. Genie, Talent, eine wichtige Persönlichkeit, ein Charakter von bestimmter Prägung, eine ausgeprägte Individualität kann ich auch ohne dies sein; Person aber bin ich ganz allein «vor Gottes Angesicht».

Es ist für das Verständnis unseres Themas weiterhin von entscheidender Bedeutung, dass wir den Unterschied erkennen zwischen einem auf Einheit gerichteten und einem auf Gemeinschaft gerichteten göttlichen Willen. Der Gott der biblischen Offenbarung will Gemeinschaft, nicht Einheit. Der Gott der Mystik und der philosophischen Spekulation will Einheit, nicht Gemeinschaft. Einheit macht unpersönlich, Gemeinschaft macht persönlich. Weil Gott Gemeinschaft will und in diesem seinem Willen sein tiefstes Sein, seine Dreieinigkeit, zum Ausdruck kommt, ist das Hauptwort der Bibel die Liebe. Gott ist Liebe. Gott liebt nicht nur, sondern die Liebe ist sein Wesen. Es ist das nie zu begreifende Geheimnis des dreieinigen Gottes, dass sein Wesen selbst Gemeinschaft ist. Er ist in sich selbst der Liebende und der Geliebte. Darum ist Liebe sein letztes Wort an uns und darum gibt es im wahren Sinne des Wortes Persönlichkeit. Aus diesem einzigen Grund hat das Persönliche den unbedingten Primat über alles Unpersönliche. Deshalb ist umgekehrt Sünde nicht bloss Übertretung eines göttlichen Gesetzes und nicht bloss Zerstörung einer Ordnung, die von Gott gesetzt und gewollt ist. Das alles ist die Sünde auch, aber das ist nicht ihr Kern. Vielmehr ist Sünde Zerstörung der Gemeinschaft mit Gott und Auflösung des Bandes, das Gott und Mensch verbindet. Das erhebt die Sünde über alle bloss moralischen Bereiche hinaus. «An Dir allein habe ich gesündigt» (Ps. 51, 6). Ich habe nicht «etwas» Unrechtes getan, sondern ich habe mich selbst von Gott getrennt – das ist gemeint, wenn ich sage: Ich bin ein Sünder. Weil Sünde die Zerstörung der Gemeinschaft mit Gott ist, ist sie ein von uns aus unaufhebbares Faktum. Auch wenn wir die Kraft hätten, nicht weiter zu sündigen und den durch die Sünde entstandenen Schaden wieder gutzumachen, so bliebe doch dieses eine nicht wieder gutzumachen: das Faktum unseres Getrenntseins von Gott. Das Tor des Paradieses hat sich geschlossen; vor ihm stehen die Cherubim mit dem flammenden Schwert, die uns die Rückkehr verwehren. Das Band der Gemeinschaft mit Gott ist zerrissen und kann von uns aus nicht wieder angeknüpft werden. Wir haben keine Macht über das Vergangene als Vergangenes. Es steht als Scheidewand zwischen uns und Gott.

Nun gehört es, wie wir im 2. Kapitel sahen, zum Wesen des wahrhaftigen Gottes, dass er nicht nur der liebende, sondern auch der heilige Gott ist. Gott nimmt sich selbst ernst, nur darum kann er uns ernst nehmen. «Gott lässt seiner nicht spotten; was der Mensch sät, das muss er auch ernten» (Gal. 6, 7). Wer sich von Gott getrennt hat, der *ist* von ihm getrennt. Zwischen ihm und Gott steht als von Gott als Wirklichkeit anerkannte, ja als Wirklichkeit gesetzte Grösse die Schuld. Der lebendige Gott ist in seiner Haltung uns gegenüber nicht unveränderlich, wenngleich er in seinem Wesen unveränderlich ist. Weil wir aus der Stellung herausgetreten sind, die er uns in seiner Schöpferliebe zugeordnet hat, ist nunmehr auch seine Stellung uns gegenüber nicht mehr dieselbe wie im Anfang. Für diese durch den Bruch der Gemeinschaft veränderte Stellung und Haltung Gottes uns gegenüber gebraucht die Bibel das Wort «Zorn Gottes». Dieses Wort ist dem Ohr des neuzeitlichen Menschen unerträglich. Er glaubt darin nichts anderes erkennen zu können als einen primitiven und rohen Anthropomorphismus. Ist schon der menschliche

Zorn eine des Menschen unwürdige Reaktion auf eine Beleidigung, wieviel mehr ein göttlicher Zorn. Trotzdem gehört dieser Begriff nicht nur zufällig, sondern wesensnotwendig zum biblischen Gottesgedanken nicht nur des Alten, sondern ebensosehr des Neuen Testamentes. Recht verstanden hat er mit primitiv-naturhaften Reaktionen nicht das Geringste zu tun. Vielmehr ist er der notwendige Ausdruck davon, dass Gott ernst genommen wird; dass Gott sich selbst und uns ernst nimmt. Er nimmt uns so ernst, dass mit der Änderung unserer Haltung auch eine Änderung seiner Haltung eintritt. Wäre dem nicht so, so würde das heissen, dass unser Handeln und Sein in den Augen Gottes nichts bedeutet. Es würde bedeuten, dass er uns nicht wirklich liebt und dass wir im Grunde genommen für ihn nichts sind. Und es würde heissen, dass Gott seiner spotten lässt; dass sein uns kundgegebener Wille nicht ernst, nicht unbeugsam, nicht zuverlässig ist. Die Rede von Gottes Zorn will sagen, dass der Bruch der Gemeinschaft, der von uns aus eingetreten ist, auch für Gott einen Bruch bedeutet. Unsere Schuld, unsere Trennung von ihm, ist auch für ihn eine Realität. Wenn sein heiliger Wille auf Widerstand stösst, wird dieser Wille selbst zum Widerstand. «Gott widersteht dem Hoffärtigen» (1. Petr. 5, 5). Gottes Gesetz lässt sich nicht brechen; wer es brechen will, wird von ihm gebrochen.

Die Schuld bringt darum die Strafe, das Gericht, die Verdammnis. Wiederum ist es das unpersönlich gewordene Denken des modernen Menschen, das diesen Gedanken nicht erträgt. Die Unpersönlichkeit wird zur Sentimentalität und zugleich zur Anmasslichkeit. Wie in unserem sentimental und unpersönlich gewordenen Strafrecht der Strafgedanke durch alle möglichen Zweckgedanken verwässert wird, so wird im religiösen Leben der Gedanke einer göttlichen Strafe, eines göttlichen Gerichts, einer Verdammnis kurzweg abgeschafft. Man faselt von einem «unreligiösen Gebrauch juristischer Kategorien» innerhalb der Bibel. Man will von einer selbständigen Bedeutung der göttlichen Heiligkeit neben der Liebe nichts wissen. Man möchte die Liebe allein haben und merkt nicht, dass man, indem man die Heiligkeit und den aus ihr entspringenden Zorn Gottes ignoriert, die Liebe Gottes ihres wahren Sinnes beraubt. Ist es nicht schon in der menschlichen Erfahrung so: Wer nicht zornig werden kann, kann auch nicht lieben? Wer über Gemeinschaftsbruch, Untreue und Verrat als Nebensächlichkeiten hinweggehen kann, der vermag auch nicht wahrhaft Gemeinschaft zu halten und treu zu sein. Hier fällt darum eine Entscheidung allererster Ordnung: Wer nichts vom Zorn Gottes, von Gericht und Verdammnis hören will, wird auch die Botschaft von Jesus Christus nicht verstehen können. Nur derjenige ist der lebendige Gott, mit dessen Liebe der heilige Wille verbunden ist. Gerade dieses Paradoxon der Heiligkeit und des Erbarmens ist das Wesen der biblischen Gottesbotschaft.

Es ist vielleicht von geringerer Bedeutung, ob wir in diesem Zusammenhang von der Heiligkeit oder von der Gerechtigkeit Gottes sprechen. Immerhin ist es wesentlich, dass der Begriff der Heiligkeit Gottes nicht einfach von dem der Gerechtigkeit verdrängt wird. Die Heiligkeit Gottes geht tiefer als das, was wir gewöhnlich unter göttlicher Gerechtigkeit verstehen. Der biblische Gebrauch des Wortes Gerechtigkeit ist so umfassend, dass wir es ohne ausführliche Umschreibung für den heutigen Bibelleser kaum noch gebrauchen können. In der Heiligkeit Gottes ist die Gerechtigkeit als sein Verhalten zu uns begründet. Aus seiner Heiligkeit entspringt daher auch die Notwendigkeit der Strafe und des Gerichtes für den, der sich von Gott trennt und ihm den Rücken kehrt. Die Heiligkeit Gottes ist, wenn ich mich so ausdrücken darf, die unendliche göttliche Selbstachtung, ohne die seine Liebe nicht göttliche Liebe, sondern Sentimentalität wäre. Nur die Liebe des heiligen Gottes ist das Wunder, das uns in der Bibel geoffenbart ist.

Der Gemeinschaftsbruch, in dem die Sünde besteht, ist für Gott eine Realität, weil er der Heilige ist. Damit steht der Mensch unter dem göttlichen Gericht. Er hat nichts anderes zu erwarten als die Konsequenzen seines Tuns, nämlich die Verwerfung als einer Auswirkung der Gottesferne, in die er sich selbst hineinbegeben hat.

Nun wissen wir aber, dass dies nicht Gottes letztes Wort ist. Damit treten wir in das innerste Heiligtum der göttlichen Offenbarung, in das Geheimnis der göttlichen Vergebung. «Ich habe nicht Wohlgefallen am Tode des Gottlosen, sondern daran, dass sich der Gottlose von seinem Wandel bekehre» (Ez. 33, 11). Der Zorn Gottes ist eine Realität, aber er ist nicht das Wesen Gottes. Es heisst in der Schrift: «Gott ist Liebe», aber es heisst in der Schrift nirgends: Gott ist Zorn. Es ist das Unbegreifliche des göttlichen Wesens, dass seine Heiligkeit sich in seiner Liebe vollendet, obschon sie nicht einfach mit seiner Liebe identisch ist. Die durch die Sünde aufgerichtete Scheidewand zwischen Gott und Mensch ist zwar auch für Gott eine Realität, aber sie ist nicht die endgültige Realität. Wir sollen ihre Realität nicht verneinen einfach deswegen, weil sie nicht letzte Realität ist; wir sollen aber auch nicht angesichts dieser Realität an der letzten Realität, an der göttlichen Barmherzigkeit irre werden. Das ist, in wenigen Worten, der Sinn der Botschaft vom Kreuz Christi.

In der göttlichen Barmherzigkeit bekommt das Wort von der Liebe Gottes einen neuen, unergründlich tiefen und unausschöpfbar reichen Sinn. Darum muss dieses Wort mit aller Schärfe von der leichtsinnigen Behauptung abgegrenzt werden, die die Barmherzigkeit aus einem Wunder zu einer Selbstverständlichkeit macht. Wir haben schon früher das blasphemische Wort Voltaires zitiert: «Dieu pardonnera, c'est son métier». In diesem Wort geschieht das Furchtbare, dass der sündige Mensch die göttliche Vergebung als eine Selbstverständlichkeit ansieht. Sie wird hier ganz einfach aus einem vorausgegebenen Gottesbegriff abgeleitet. Alles ist schlimm und verwerflich, was dazu beiträgt, das Wunder der Vergebung zu trivialisieren. Alles ist gut und notwendig, was die Vergebung als unbegreifliches Wunder, als nie und nimmer zu erwartendes Geschenk, verständlich macht.

Das Entscheidende hat Gott selbst getan. Das Kreuz Jesu Christi ist dasjenige Geschehen der göttlichen Offenbarung, durch das uns das Leichtnehmen der göttlichen Vergebung unmöglich gemacht werden soll. Darin liegt der tiefste Grund, warum die Botschaft vom Kreuz den Griechen eine Torheit und den Juden ein Ärgernis ist. Das Kreuz ist das göttliche Mittel, um der Vergebung ihr ganzes Gewicht des Unerhörten, des Unbegreiflichen und des – vom Menschen aus gesehen – Unmöglichen zu geben. Aber es ist dies nicht – wenn ich so sagen darf – kraft einer göttlichen Rhetorik, sondern kraft einer sachlichen, innerlichen Notwendigkeit. In der Botschaft vom Kreuz offenbart sich nämlich beides in einem: die göttliche Heiligkeit, die ihrer nicht spotten lässt, und die göttliche Liebe als Wille zur Gemeinschaft.

Von theologischer Seite ist, seit der Zeit der Sozinianer, gegen diese Botschaft immer wieder geltend gemacht worden, dass das Kreuz im Widerspruch stehe zu der so einfachen Botschaft Jesu selbst, wie wir sie im Gleichnis vom verlorenen Sohn vernehmen. In diesem Gleichnis vergibt der Vater dem Sohn ohne das Dazwischentreten eines Mittlers, ohne das schreckhaft blutige Geschehen des Kreuzes. Ebenso ist ja schon im Alten Testament, ganz besonders im 103. Psalm, von der vergebenden Liebe Gottes in wunderbarer Einfachheit und Klarheit gesprochen, ohne irgendeinen Hinweis auf ein stellvertretendes Leiden. Die Lehre von der Versöhnungstat am Kreuz ist also, so heisst es, eine unnötige Komplizierung der so einfachen Lehre Jesu, und zwar eine theologische Theorie, die zugleich einen Rückfall in alttestamentlich-priesterliche Sühnopferideen darstellt. Der jüdische Theologe Paulus hat das so viel menschlichere Evangelium Jesu dadurch verdunkelt und sogar verfälscht.

Diese Auffassung, die sich als Ergebnis historisch-kritischer Forschung gibt, ist in Wirklichkeit ein völlig unhistorisches Missverständnis der Lehre Jesu. Jesu Lehre ist nie von seiner Person loszulösen. Das Gleichnis vom verlorenen Sohn ist, wie der Zusammenhang deutlich genug zeigt, ein Kommentar zu Jesu eigenem Tun. Die Pharisäer nehmen Anstoss daran, dass er mit Zöllnern und Sündern verkehrt. Er gibt ihnen Antwort und Rechenschaft, indem er das Gleichnis vom verlornen Sohn, vom verlornen Groschen und vom verlornen Schaf erzählt. Ganz besonders im letzteren wird es ganz deutlich, dass

Jesus dabei an sich selbst denkt. Er ist es, der als der gute Hirte dem verlornen Schaf nachgeht. Er ist es, der im Hause des Zöllners Zachäus einkehrt und ihm den Sinn seines Tuns erklärt mit den Worten: «Des Menschen Sohn ist gekommen, um das Verlorne zu suchen und zu retten» (Luk. 19, 10). Sein ganzes Leben ist diese Bewegung des Herabkommens und Hineingehens in die sündig-menschliche Wirklichkeit. So ist denn auch nach seinem eigenen Wort sein bevorstehender Tod ein «Lösegeld für Viele» (Mark. 10, 45). Auch wenn dieser ausdrückliche Hinweis auf sein vergossenes Blut zur Vergebung der Sünden in der Einsetzung des Abendmahls spätere Gemeindeüberlieferung und nicht eigenes Wort des Herrn sein sollte, so bleibt doch unablösbar vom Bild Jesu und seiner Lehre die unaufhebbare Beziehung zwischen seiner Lehre und seinem Tun. Die Tatsache bleibt unwidersprechlich, dass Jesus sich als den gewusst hat, der in Gottes Auftrag die zerstörte Verbindung zwischen den Verlorenen und dem himmlischen Vater wieder herstellte. Dass er selbst über seinen Tod nicht mehr ausgesagt hat, als er dies nach den synoptischen Berichten und erst recht nach dem Jesusbild der historischen Forschung getan hat, ist nicht verwunderlich. Es war nicht die Sache Jesu, über seinen kommenden Tod etwas zu lehren, was doch zu seiner Lebzeit nicht verstanden werden konnte. Es war nicht sein Auftrag, über seinen Tod zu lehren, sondern im Dienst Gottes und zum Heil der Menschen sein Leben dahinzugeben. Der Gegensatz zwischen Paulus und Jesus ist keine geschichtliche Tatsache, sondern eine Erfindung der Historiker, die die Einheit zwischen beiden darum nicht zu erkennen vermochten, weil sie selbst als moderne Menschen dafür kein Verständnis hatten.

Der Tatbestand der neutestamentlichen Überlieferung verbietet uns, Lehre, Leben und Sterben Jesu Christi voneinander zu trennen. Gerade von der neuesten kritischen Forschung können wir diese Einheit wieder lernen. Jesus hat sich als den Erfüller der alttestamentlichen Weissagung verstanden. Er hat oft genug, wenn auch immer nur in andeutender Weise, auf sich selbst hingewiesen als auf den, in dem sich der Anbruch des Gottes-Reiches und damit des Neuen Bundes vollzieht – des Bundes nämlich, der nach der Weissagung des Jeremia ein Bund göttlicher Vergebung ist. Jesus weiss sich und sein ganzes Leben als Mittel dieser göttlichen Vergebung. In ihm und durch ihn wird die zerstörte Verbindung zwischen der sündigen Menschheit und dem heiligen Gott wieder hergestellt. Darum ist er gekommen, das Verlorene zu suchen, darum ist sein Leben ein Dienst und seine Person ein Lösegeld für Viele. Und die Krönung dieser ganzen göttlichen Veranstaltung in seinem Leben ist sein Tod.

Was aber das Alte Testament betrifft, so gilt in dieser Sache, was in allen Teilen gilt: Das Alte Testament ist Vorläufer und Zeichen des Kommenden. Darum liegt in ihm noch vieles zertrennt, was im Neuen Testament zur Einheit geworden ist. Ein anderer ist der König, ein anderer der Priester, ein anderer der Prophet. Erst in der Person Jesu sind diese drei theokratischen Ämter in Personaleinheit verbunden. So ist es zu verstehen, dass das eine Mal, etwa im 103. Psalm, die Vergebung Gottes losgelöst erscheint von einem Sühnegeschehen, das andere Mal, in der prophetischen Sicht von Jesaja 53, der Gottes-Knecht geschildert wird, der die Sünden des Volkes stellvertretend trägt, während wiederum in einem andern, nämlich in priesterlichem Zusammenhang, vom stellvertretenden Sühnopfer gesprochen wird. Es ist ebenfalls eine völlig ungeschichtliche Betrachtungsweise, wenn man diese Einzelzüge je für sich nimmt und auf die andern, die sie ergänzen, nicht achtet.

Dazu ist noch ein weiteres zu sagen. Es kann niemandem verborgen bleiben, dass die Erkenntnis der Sünde, wie die Erkenntnis Gottes überhaupt, im Alten Testament noch keine vollendete ist. Und doch ist eines klar und unwidersprechlich: Die ganze alttestamentliche Lehre ist an das göttliche Handeln in der Offenbarung gebunden. Nie ist sie eine in sich ruhende, zeitlos allgemeine Lehre wie etwa die Lehre der griechischen Philosophen oder der mystischen Weisen des fernen Ostens. Es ist Lehre im Vollzug der Heilsgeschichte und gleichzeitig Lehre, die einen Kommentar zu göttlichen Taten darstellt. Das gilt auch von der Lehre von der Vergebung. Was die Psalmisten von Gottes Vergebung sagen, das sagen sie auf Grund der geschehenen Offenbarung. So spricht auch der bereits erwähnte 103. Psalm von der Vergebung im Zusammenhang damit, dass Gott Israel durch Moses seine Taten wissen liess. Es ist nicht eine Vergebung, die aus einem Gottes-Begriff abgeleitet wird. Vielmehr beruht diese Vergebung auf einem gnädigen Handeln Gottes und einer gnädigen Offenbarung. Sie ist ein Moment innerhalb der Geschichte, in der Gott in seiner Offenbarung zu den Menschen kommt und in ihre Geschichte eingeht.

So ist auch die Botschaft vom Kreuz nicht aus dem Ganzen der Heilsgeschichte herauszulösen. Man darf nicht auf den Tod Jesu als ein isoliertes Faktum schauen, als ob er allein wichtig wäre. Der Tod Jesu am Kreuz ist der paradoxe Kulminationspunkt oder im eigentlichen Sinn der Tiefpunkt der göttlichen Selbstmitteilung in der geschichtlichen Offenbarung. Wie es ein Fehler ist, die Evangelien ohne den Kommentar der Apostel zu lesen, so ist es auch ein Fehler, die Lehre der Apostel ohne die Geschichte Jesu in den Evangelien verstehen zu wollen. In beiden Fällen reissen wir gerade das auseinander, was nur in seinem Zusammensein die ganze Heilsoffenbarung Gottes ausmacht: den Logos und die Sarx, die Lehre und die Geschichte. Wie wir das Leben Jesu nicht verstehen, wenn wir es nicht im Sühnetod am Kreuz kulminieren sehen, so verstehen wir auch die Botschaft vom Kreuz nicht, wenn wir sie nicht im Zusammenhang mit dem ganzen Leben Jesu sehen. Das Kreuz Jesu und die Botschaft von der Versöhnung ist nichts anderes als die letzte Konsequenz der Inkarnation, des Herabkommens Gottes zu uns. Umgekehrt ist die Inkarnation nichts anderes als der Beginn des Kreuzesweges und der Versöhnung, wie es in unvergleichlicher Weise im 2. Kapitel des Philipperbriefes ausgedrückt ist: «Er hielt es nicht für einen Raub, Gott gleich zu sein, sondern entäusserte sich selbst, indem er Knechtsgestalt annahm und den Menschen ähnlich wurde; und der Erscheinung nach wie ein Mensch erfunden, erniedrigte er sich selbst und wurde gehorsam bis zum Tode, ja bis zum Tode am Kreuz» (Phil. 2, 5–8).

Was ist nun also die Bedeutung des Kreuzes, in diesem weitern Zusammenhang der ganzen Heilsgeschichte verstanden? Es ist, wie wir vorher sagten, das göttliche Mittel, uns Sündern gleichzeitig die Heiligkeit Gottes und seine Barmherzigkeit zu offenbaren und uns die göttliche Vergebung in einer Weise kund zu tun, die ihr Missverstehen als eine Selbstverständlichkeit verunmöglicht. Aber damit ist noch nicht alles

zum richtigen Verständnis Notwendige gesagt. Seit Anselm von Canterbury und Abaelard, also seit dem Beginn des 12. Jahrhunderts, bestehen zwei klassische Auffassungen von der Bedeutung des Kreuzes und der in ihm begründeten Versöhnung. Die objektivistische Lehre Anselms will die objektive Notwendigkeit des Sühnetodes Jesu zur Geltung bringen. Sie tut dies durch den Gedanken der notwendigen Satisfaktion. Gottes Ehre macht das Sühneopfer Jesu als Mittel der Versöhnung notwendig. Umgekehrt betont Abaelard einseitig die subjektive Wirkung des Sühnetodes Jesu auf den Menschen, indem dadurch das Verständnis der unbegreiflichen göttlichen Liebe erwirkt wird. Beide Theorien vertreten ein wichtiges und im biblischen Zeugnis begründetes Moment, aber beide sind zugleich in ihrer Einseitigkeit nicht nur unvollständig, sondern problematisch. Beide gehen über das biblische Zeugnis hinaus, wobei allerdings das grössere Recht auf seiten Anselms liegt. Wohl ist es richtig, dass auch in der Lehre der Apostel die Wirkung des Todes Jesu als Offenbarung der göttlichen Liebe eine wichtige Rolle spielt; niemals aber erschöpft diese Deutung den ganzen Gehalt der biblischen Botschaft vom Kreuz. Was der Auffassung Anselms von vornherein das Übergewicht gibt, ist die Tatsache, dass sie vom objektiven Tatbestand der Schuld ausgeht. Wie wir schon ausführten, ist die Schuld als Bruch der Gottesgemeinschaft auch für Gott eine Wirklichkeit, auf die er mit seinem Zorn reagiert. Gott nimmt den Menschen und seine Schuld ernst, und zwar so ernst, dass etwas Besonderes geschehen muss, damit Gott seine vergebende Liebe offenbaren kann.
Vielleicht verstehen wir dies im Anschluss an die zitierte Stelle des Philipperbriefes am besten von der Menschwerdung

her. Die ganze Offenbarung Gottes ist ein Herabsteigen zum Menschen, ein Hineingehen in seine irdisch-sündige Geschichte. Gott will ganz einfach dem Menschen dort begegnen, wo er in Wirklichkeit ist. Der Ort der Begegnung ist also durch die Situation des Menschen bestimmt. Um dem Menschen zu helfen stellt er sich unter den Fluch, unter dem das ganze menschliche Leben infolge der Sünde steht. Dieser Fluch ist aber nicht nur das faktische Elend, die sündige Ohnmacht des Menschen. Zu ihm gehört das Stehen unter dem göttlichen Zorn, die menschliche Verlorenheit Gott gegenüber. Der Fluch ist, nach seinem innersten Kern beurteilt, nichts anderes als jene Trennung von Gott, jene Ausstossung aus der Gottesgemeinschaft. Gott selbst hat die Menschen um ihrer Sünde willen unter seinen Fluch gestellt, weil er der heilige Gott ist, der seiner nicht spotten lässt. In diese Situation hinein also muss sich Gott begeben, wenn er dem Menschen begegnen will.

Dieses «Müssen» Gottes ist nicht als eine von uns aus erkennbare Notwendigkeit zu verstehen. Es ist von uns einzig darum erkennbar, weil Gott es uns gezeigt hat. Er geht hier um kein Apriori, sondern um eine Erkenntnis a posteriori. Es handelt sich nicht um einen Satz, der aus dem Gottesbegriff deduziert werden könnte, sondern um eine Interpretation des tatsächlichen Geschehens, nämlich um einen Versuch, den im Kreuzesgeschehen liegenden Sinn zu erfassen. Hier trennt sich unser Weg von demjenigen Anselms. Anselm glaubt, alles mit den Mitteln des Denkens, apriorisch, aus dem Gottesbegriff deduzieren zu können. Das gibt seiner Lehre jenen verhängnisvollen Zug der rationalen Berechnung, der uns seine Theorie nicht nur fremd, sondern unheimlich macht.

So wichtig es ist, dass uns Anselm auf eine objektive Notwendigkeit hinweist, so falsch ist es, das Versöhnungsgeschehen als ein Opfer zu verstehen, durch das – wie es die Satisfaktionslehre Anselms fasst – Gott versöhnt wird. Nie ist im biblischen Zeugnis Gott das Objekt der Versöhnung. Nie heisst es von Gott, dass er durch das Blut Jesu Christi versöhnt werde. Gott ist immer das Subjekt der Versöhnung: Er versöhnt die Menschen mit sich. An diesem Punkt ist auch die spätere reformatorische Lehre meistens in der Nachfolge Anselms über das biblische Zeugnis hinausgegangen und hat damit zum Missverständnis beigetragen, die christliche Lehre vom Sühnopfer Christi als einen Rückfall in primitive Opfervorstellungen zu interpretieren. Wir bleiben streng auf der Linie der biblischen Botschaft, wenn wir zwar einerseits die Objektivität des Fluchs und des göttlichen Zorns festhalten, aber andererseits betonen, dass zwar durch den Tod Jesu die Wirklichkeit des göttlichen Zorns beseitigt, aber dadurch nicht Gott, sondern die Menschen versöhnt werden.

Das scheint uns so lange ein untragbarer Widerspruch zu sein, als wir das Verhältnis von göttlicher Heiligkeit und Liebe nicht recht verstehen. Gottes Heiligkeit ist nicht mit seiner Liebe identisch, aber sein heiliger Wille findet seine vollkommene Verwirklichung in der Verwirklichung seiner Liebe. Darum ist es die Liebe Gottes, die die ganze Heilsgeschichte in Bewegung setzt und zum Kreuzestod des Heilandes führt. Diese selbe Liebe ist es, die die Heiligkeit Gottes in ihrer ganzen unerbittlichen Strenge zum Ausdruck bringt. Der Apostel Paulus hat diesen Tatbestand in seinem fast überreichen Begriff der Gerechtigkeit Gottes zusammengefasst. Die Offenbarung der Gerechtigkeit Gottes, die Paulus der Gerechtigkeit des Gesetzes entgegenstellt, ist nichts anderes als die Einheit von Gottes richtender Heiligkeit und seiner versöhnenden Liebe. Dieser Gerechtigkeit Gottes entspricht die Gerechtigkeit des Glaubens als Lebensprinzip der christlichen Gemeinde.

Wir waren in den soeben vorgetragenen Ausführungen genötigt, uns in recht schwierige theologische Zusammenhänge hineinzubegeben. Es ist aber zu hoffen, dass deutlich wurde, dass hier keine abstrakte lebensferne Schultheologie getrieben wurde. Es gibt im Neuen Testament, selbst in den schwierigsten Teilen der paulinischen Briefe, keine Darlegungen, die nicht einen unmittelbaren Bezug auf unsere Lebenslage und unsere praktischen Probleme hätten. Wo es um das Zentrum der biblischen Botschaft geht, stehen wir auch im Zentrum unserer Lebensproblematik. Dieses Zentrum bilden nicht die sogenannten sozialen und noch weniger die politischen Probleme, so brennend und dringend sie auch sein mögen. Das Zentrum aller Probleme ist nichts anderes als der Mensch selbst. Als man Jesus einen unheilbar gelähmten Menschen brachte, damit er ihn heile, sprach er ihm zu Aller Erstaunen und wohl auch zur Enttäuschung der Meisten zunächst nicht Heilung, sondern Vergebung zu. Den heutigen Menschen geht es wohl wie den meisten jener Zuschauer. Das dringlichste und wichtigste scheint uns nicht die Vergebung der Sünden, sondern die Heilung unserer praktischen Nöte zu sein. Jesus aber sieht tiefer als wir, die wir zu einer Generation gehören, die von einer klaren Sicht der menschlichen Situation weiter entfernt ist als frühere Generationen. Das Schuldproblem spielt bei den meisten Menschen unserer Zeit kaum eine entscheidende Rolle. Viele verstehen überhaupt nicht, wie man sich Gott gegenüber schuldig fühlen kann. Wir haben uns aber nicht an der Kurzsichtigkeit und Oberflächlichkeit zu orientieren, sondern an der Tiefenschau Jesu. Er weiss, er sagte es und er bezeugt es durch seinen Kreuzestod, dass das Schuldproblem das Zentrum aller menschlichen Not und Verwirrung ist. Weil die Menschen nicht mit Gott in Gemeinschaft sind, sind sie von Angst erfüllt. Sie suchen das Leben, wo sie nur den Tod finden, und fliehen vor dem, was ihr Leben wäre. Weil der Mensch nicht in der Gemeinschaft mit Gott lebt, wird er entpersönlicht und verfällt dem gefährlichen Götzentum der Abstraktion. Das deutlichste Symptom dieses unheilvollen Hanges zur Abstraktion ist die Verständnislosigkeit und die völlige Gleichgültigkeit gegenüber dem Problem der persönlichen Schuld.

Die Schuld ist die tiefste aller menschlichen Nöte, weil sie den Kern des Menschseins, sein Verhältnis zu Gott und damit sein Personsein bestimmt – auch dann und gerade dann, wenn er nichts davon weiss. Die Botschaft von der Vergebung der Schuld in ihrer neutestamentlichen Gestalt als Vergebung durch den Sühnetod Jesu Christi, ist darum das grosse Ärgernis für den heutigen Menschen genau so wie für die Griechen und Juden der alten Zeit. Schon aus ästhetischen Gründen will er – wie Goethe, das grosse Vorbild aller ästhetisch ausgerichteten Menschen – vom Kreuz nichts wissen. Noch mehr aber bäumt sich sein moralisches Selbstbewusstsein gegen diese Botschaft auf. Dass für ihn und ohne sein Zutun diese Sühne geschehen sei und dass er unter diesem Joch der Demütigung selbst hindurch müsse – das will er nicht hören, dagegen rebelliert sein Eigenstolz.

Der Eigenstolz jedoch (die Haltung, die Paulus das kauchema

des Menschen nennt) ist recht eigentlich das negative Hauptthema der biblischen Botschaft. Der Wille, aus eigener Kraft und eigenem Streben leben zu wollen, ist die eigentliche Wurzel der Sünde. Diese Eigenmächtigkeit aber manifestiert sich am deutlichsten im Stolz, der nicht auf dem bloss Geschenkten, sondern auf der eigenen Leistung begründet sein will. Paulus hat dies die Gerechtigkeit des Gesetzes genannt. Diese kann aber nicht anders als durch die Botschaft von der Versöhnung im Kreuzestod Jesu Christi überwunden werden. Darum bleibt diese Lehre, die der Mittelpunkt und der Quellort der Reformation war und die der Mittelpunkt der ganzen neutestamentlichen Botschaft ist, auch das Zentrum alles rechten Verständnisses des christlichen Glaubens in unserer Zeit. Allerdings wird es notwendig sein, sie so zu formulieren, dass der heutige Mensch wirklich vor die Wahl gestellt wird, sich gegen ihr Ärgernis aufzulehnen oder aber sich dankbar und demütig zu beugen vor der unbegreiflichen Liebe Gottes.

V. KAPITEL

Auferstehung

In der letzten Zeit ist sehr viel vom Gegensatz des Statischen und des Dynamischen gesprochen worden. Dies geschah nicht nur im Zusammenhang mit politischen Bewegungen, die sich selbst auf ihren dynamischen Charakter etwas zugute taten, sondern auch im Zusammenhang mit der Religion. Der neuzeitliche Mensch verlangt, dass die Religion dynamisch und nicht statisch sei. Was man im einzelnen damit meint, ist durchaus nicht immer klar, aber ein doppeltes Interesse scheint man immer mit diesem Wort zu verbinden: Die Religion soll auf den Zeitprozess Bezug haben und ihm Richtung und Ziel geben; die Religion soll aber auch – im ursprünglichen Sinn des Wortes dynamisch – eine Kraft sein, die das Leben der Menschen bewegt.

Es ist nicht schwer zu erkennen, dass gerade die Botschaft des Evangeliums im Unterschied zu anderen Religionen diesem Interesse weithin entgegenkommt. Ganz gewiss hat der christliche Glaube etwas mit dem Zeitprozess, mit der Frage seiner Richtung und seines Zieles zu tun, und ganz gewiss ist er verstanden als eine Kraft, die die Menschen bewegt. Wir denken etwa an das Wort des Apostels Paulus, das Evangelium von Jesus Christus sei «eine Kraft Gottes zum Heil» (Röm. 1, 16). Trotzdem müssen wir solchen Denkschemata, die dem Menschen ohne weiteres zur Verfügung stehen, wie das bei der Gegenüberstellung des Statischen und des Dynamischen der Fall ist, sehr zurückhaltend oder gar skeptisch sein, sobald es um das Verständnis der biblischen Botschaft geht. Wenn das Evangelium wirklich für die Welt Torheit und Ärgernis ist, so ist kaum zu erwarten, dass es sich einem so ganz und gar vom Menschen aus entworfenen Schema und Postulat wie dem des Dynamischen einfach einfügt. Es wird darum sehr nötig sein, dieses an die Religion gestellte Kriterium selbst einer kritischen Prüfung zu unterziehen.

Zunächst freilich tut es uns den Dienst, auf einen auffallenden Gegensatz unter den Religionen aufmerksam zu machen. Es gibt Religionen, die zum Zeitprozess kein oder nur ein negatives Verhältnis haben, die also wirklich «statisch» sind. Es sind die Religionen, die die Welt als ein geordnetes Universum, als einen göttlichen Kosmos interpretieren und die darum alles Gewicht auf die Erhaltung, auf die vom Menschen anzuerkennende und zu bewahrende Stabilität dieser Ordnung anweisen. Das augenfälligste Beispiel dafür ist die chinesische Religion, die ja denn auch zu einer beispiellosen Stabilität der kulturellen und sozialen Ordnung des gewaltigen Ostreiches den Grund gelegt hat, die aber schliesslich auch zu einer Erstarrung führte, welche nicht anders als mit einer Katastrophe enden konnte. Weniger ausgesprochen, aber doch ebenfalls hierher gehörig ist die griechische Religion samt der aus ihr erwachsenen religiösen Philosophie, die sich um den Hauptgedanken einer göttlichen Ordnung, eines in sich ruhenden Weltkosmos dreht. Die indischen Religionen, vor allem aber die Mystik aller Schattierungen, nehmen zur Zeit und zum zeitlichen Geschehen eine fast ausschliesslich negative Stellung ein. Sie teilen mit den Naturreligionen den Gedanken, dass das Geschehen in der Zeit – wenn ihm überhaupt Realität zukommt – ein ewiger Kreislauf sei, indem sich über kurz oder lang alles wiederholt und alles wiederkehrt.

Ganz anders der biblische Glaube. Hier kommt dem Geschehen in der Zeit eine entscheidende Bedeutung zu. Hier bewegt sich das menschliche Geschehen nicht wie das der Natur in einem Kreislauf ohne Ende und ohne Anfang, ohne Richtung und ohne Ziel. Hier ist im Gegenteil von allem Anfang an alles auf ein zukünftiges Ziel gerichtet. Immer deutlicher wird im Verlaufe der göttlichen Offenbarungsgeschichte, dass diese selbst nicht irgendeinem Ziel, sondern dem einen Ziel, dem End-Ziel zuläuft. Dabei geschieht die Verwirklichung dieser Offenbarungsgeschichte und ihres Endziels nicht automatisch, sozusagen im natürlichen Verlauf der Ereignisse, sondern durch ein machtvolles Eingreifen Gottes, bei dem er Menschen in seinen Dienst stellt und mit seinen Kräften ausstattet. Hier scheint also das Postulat der dynamischen Religion vollauf erfüllt zu sein.

Wenn wir aber diesem Postulat etwas genauer nachforschen, so erkennen wir, dass hinter ihm die Idee des Fortschritts und wohl auch die der Entwicklung steht. Auf diese Weise versteht der Mensch der Neuzeit die Dynamik und die positive Beziehung zum Zeitprozess. Es soll in kleinen Schritten oder in grossen Sprüngen mit der Menschheit vorwärts gehen, einem Ziel entgegen. Die Dynamik, die er fordert, ist die Kraft, die die Menschheit diesem Ziel näher bringt. Dabei dürfen wir diesem Fortschrittsglauben nicht ohne weiteres den Gedanken eines unbedingt kontinuierlichen, ununterbrochenen Fortschritts unterschieben. Er weiss, dass es auch Rückfälle gibt, dass gute Zeiten, wo es mächtig vorwärts geht, mit bösen Zeiten wechseln, die einen Stillstand bringen oder in denen gar frühere Gewinne verloren gehen. Trotzdem hegt er die Hoffnung, dass bei allen Zickzackbewegungen und bei allen Enttäuschungen die Entwicklung doch im grossen und ganzen vorwärts geht und die späteren Generationen eine bessere Zeit schauen werden als wir.

Der Ursprung dieses Fortschrittgedankens aus dem Christentum ist unleugbar und von den Historikern längst erkannt. Ebenso ist es offensichtlich, dass viele Christen das Evangelium in diesem Schema des Fortschrittgedankens interpretieren, die einen in einem mehr evolutionären, die andern in einem eher revolutionären Sinn, in beiden Fällen aber so, dass der geschichtliche Prozess als zunehmende Annäherung an das Ziel verstanden wird. Nun muss es uns aber doch zu denken geben, dass diese Konzeption des Fortschritts eine relativ neue Idee ist. Weder die Reformationszeit, noch das Mittelalter, noch die Christengemeinde zur Zeit der Kirchenväter scheinen etwas von einem solchen Fortschritt zu wissen oder auf diesen uns so geläufigen Gedanken irgendwie Bezug zu nehmen. Die für uns entscheidende Frage ist allerdings die, ob ihn die Bibel selbst kennt. Diese Frage muss auf das Bestimmteste verneint werden. Der Fortschrittsgedanke in allen seinen evolutionären und revolutionären Ausprägungen ist zwar nicht ohne das Christentum, sondern aus dem Christentum entstanden. Er stellt aber zugleich eine moderne, rationaloptimistische Umprägung des biblischen Reich-Gottes-Gedankens dar, der an sich mit ihr nur mehr eine entfernte Verwandtschaft hat. Die biblische Botschaft weist zwar ein sehr bestimmtes, positives Verhältnis zum Zeitprozess auf. Sie zeigt uns ein Geschichtsziel, sie gibt darum der menschlichen

Existenz eine bestimmte Richtung. In alledem ist sie aber vom Fortschrittsgedanken, der hinter dem Begriff des Dynamischen liegt, sehr weit entfernt. Das Verhältnis der biblischen Botschaft zum zeitlichen Geschehen ist nicht nur ein völlig anderes, sondern ein durch und durch paradoxes, d. h. ein mit den Kategorien unseres rationalen Denkens nicht zu erfassendes und darum für unser Denken eine Torheit und ein Ärgernis.

Wir greifen zunächst einen Gedanken heraus, der im Mittelpunkt der neutestamentlichen Botschaft steht und mit dem Zentrum, von dem das letzte Kapitel handelte, mit der Botschaft vom Kreuz in ganz besonders enger Beziehung steht: Wir meinen, den Gedanken des Einmaligen.

Was am Kreuz Jesu Christi geschehen ist, geschah, so sagen uns die Apostel wiederholt, ein für allemal. Es bedarf keiner Erweiterung oder Steigerung, es verträgt keine Wiederholung. Das letzte Wort Christi am Kreuz war nach dem Johannesevangelium: «Es ist vollbracht», d. h. es ist vollendet und vollkommen für immer. Gerade dieser Gedanke des Erschöpfend-Einmaligen ist für unser natürliches Denken – und das heisst immer auch für unser natürliches Wollen – ein Ärgernis. Wir möchten immer verschiedene Möglichkeiten haben, um selbst entscheiden zu können. Hier aber heisst es: Es ist in keinem andern das Heil, es gibt nur diese eine Türe zum wahren Leben. Wir möchten, gerade wenn wir dynamisch denken, dass das Entscheidende erst noch vor uns liegt, sodass wir daran teilhaben können. Hier aber heisst es: Es ist schon entschieden; du bist gebunden, unbedingt gebunden an etwas, das in der Vergangenheit geschah. Diese Bindung an ein Vergangenes und an ein Einmaliges mit Ausschluss alles andern ist dem modernen Menschen ganz und gar zuwider. Es ist so demütigend und – wenn ich so sagen darf – seinen «demokratischen Neigungen» entgegengesetzt, dass es durchaus nicht dem entspricht, was er sich unter dem Dynamischen vorstellt.

Dieses Vergangene und Einmalige hat jedoch mit dem Statischen nichts zu tun. An jenem einen Punkt der Geschichte vollzieht sich die Umkehrung der ganzen Geschichte, nämlich jene Revolution, verglichen mit der alle andern Revolutionen viel Lärm um Nichts sind. Es ist die Entscheidungsschlacht im Kampfe zwischen Gott und den gottfeindlichen Mächten, wie Paulus es im Kolosserbrief in einem Bild von grandioser Dramatik ausspricht: «Nachdem er (Christus) die Gewalten und die Mächte gänzlich entwaffnet hatte, führte er sie öffentlich zur Schau auf und triumphierte über sie» (Kol. 2, 15). Paulus vergleicht Christus mit einem römischen Feldherrn, der mit seinen Siegestrophäen an der Spitze seines Heeres und seinen Gefangenen durch die Porta Triumphalis schreitet. Oder um ein Bild aus der jüngsten Vergangenheit zu nehmen: Wie die alliierten Truppen seit dem D-Day, seit der gelungenen Invasion des Kontinentes wussten, dass jetzt der Sieg gesichert war, auch wenn noch lange gekämpft werden musste, so wissen die Christen seit dem «D-Day Gottes», seit der grossen Invasion des Gottesreiches in unsere Welt durch Jesus Christus und sein Kreuz, dass der Sieg gewiss errungen ist, auch wenn der Kampf noch lange fortdauert.

Darum ist jenes Einmalige nicht einfach ein Vergangenes. Jesus Christus, gekreuzigt unter Pontius Pilatus im Jahre 30, ist keine bloss historische Persönlichkeit – wäre er das, so wäre er gerade nicht der unbedingt Einmalige. Er ist der lebendig gegenwärtige Herr, der durch sein Wort und durch den Glauben in uns wohnt, das lebendige Haupt seines lebendigen Leibes, der Kirche. Hier versagt das Gleichnis. Der D-Day ist vergangen, auch wenn seine Wirkungen andauern. Jesus Christus ist aber nicht nur in seinen Wirkungen gegenwärtig, sondern persönlich, «gestern und heute und in Ewigkeit derselbe». Wie der Saft des Weinstockes in den Reben kreist und ihn als eine lebendige Pflanze gedeihen lässt, so ist er, der Herr, in seiner Gemeinde gegenwärtig, macht sie zu einer Einheit und verwandelt sie von Tag zu Tag, um sie ihm ähnlich zu machen.

Aber damit nicht genug, Jesus Christus ist auch der Zukünftige, ja, er ist unsere Zukunft. Die Gemeinde Jesu, wie das Neue Testament sie uns schildert, ist eine Gesellschaft von Menschen, die gespannt auf das Kommende ausschauen. Sie nennen dieses Kommende den Tag Jesu Christi. Derselbe Apostel, der in dem soeben zitierten Wort unsern Blick rückwärts gelenkt hat, kann von sich aus sagen: «Ich vergesse was dahinten liegt und strecke mich aus, nach dem, was vor mir ist und jage, das Ziel im Auge, nach dem Kampfpreis der Berufung nach oben durch Gott in Jesus Christus» (Phil. 3, 13. 14). So wie ein Läufer in der Rennbahn (ein anderes von Paulus gebrauchtes Bild) einzig sein Ziel vor Augen hat und an nichts anderes denkt als an die Erreichung dieses Zieles und in Gedanken daran seine letzte Kraft hergibt, so läuft die Gemeinde Jesu diesem Ziele zu.

Hier scheinen wir nun endlich auf unsere Rechnung zu kommen. Hier scheint der Berührungspunkt zwischen der neutestamentlichen Botschaft und unserem zukunftsfrohen Denken zu liegen. Ist es nicht dieser Gedanke an die bessere Zukunft, der uns bewegt. Ziehen wir nicht aus ihm die Kraft zum

Schaffen, zum Ausharren, zum Opfern, zum ganzen Einsatz unserer Kräfte? Ist es nicht dieser Gedanke an das kommende Gottesreich, der uns wie kein anderer Gedanke der Bibel mit Freude und mit dem Gefühl erfüllt, dass unser Leben trotz allem sinnvoll und lohnend sei? Was der Sauerstoff für die Lunge und das Blut, das ist die Hoffnung für die Seele. Nun müssen wir aber wohl zusehen, dass wir zuletzt nicht doch noch einer verhängnisvollen Täuschung zum Opfer fallen. Wir haben gesehen, wie das Verhältnis zum zeitlichen Geschehen in der neutestamentlichen Botschaft ganz anders aussieht als in dem uns gewohnten Denken. Wir haben festgestellt, welch eine für uns ärgerliche Rolle dort das Geschichtlich-Einmalige spielt und wie dieses Geschichtlich-Einmalige zugleich Gegenwart ist. Es ist darum zu erwarten, dass auch der Zukunftsgedanke des Neuen Testamentes sich von dem unsrigen wesentlich unterscheidet. Wenn wir an die Zukunft denken, sehen wir eine Bahn vor uns, die von uns aus zu einem Ziel führt. Wir sehen Etappen vor uns, die näher und näher auf das Ziel hinführen. Ob man für dieses Verständnis das Wort Fortschritt braucht oder es aus irgendwelchen Gründen vermeidet; ob man sich diese Etappen miteinander verbunden vorstellt, oder eher das Bild einer stossweisen, dramatischen Vorwärtsbewegung in sich trägt: immer ist es doch so, dass wir uns später kommende Generationen als dem Ziel näherstehende denken und den Zustand ihres Lebens, ihrer sozialen Einrichtungen, ihrer politischen und kulturellen Verhältnisse dem Endzustand ähnlicher vorstellen als die unseren. Dieses Zukunftsbild ist mit unserem eigenen Tun verwandt. Wenn der Handwerker ein Stück Holz oder Leder verarbeitet, so denkt er an das, was daraus werden soll und sieht, wie durch

seine Arbeit aus dem ungeformten Rohstoff allmählich das wird, was er sich zu schaffen vorgenommen hat. Das gilt auch von der Arbeit des Künstlers, des Erziehers, des Sozialreformers, des Staatsmannes. Überall da, wo Sinnvolles geschaffen wird, geht es darum, einen Rohstoff durch planmässige Bearbeitung allmählich dem Plan anzunähern, den man äusserlich oder innerlich vor sich hat.
Nun spielt zweifellos diese Art von Verwirklichung eines Bessern auch in der biblischen Botschaft eine Rolle. Überall dort, wo vom Tun des Menschen und den an ihn gestellten Erwartungen die Rede ist, wird an dieses wohlvertraute Bild der menschlichen Arbeit oder an das ihm ähnliche Bild des natürlichen Wachstums angeknüpft. Auch im Christenleben soll es einen Fortschritt geben, ein Wachstum, eine Vermehrung und Ausweitung des vorhandenen, vor allem auch eine Ausbreitung der Gemeinde selbst. Aber dicht daneben stehen nun auch Aussagen, die ein völlig anderes Bild geben. Merkwürdig oft ist die Rede von einem Sterben des Menschen, von einem Abbau und nicht einem Aufbau. Im Mittelpunkt der neutestamentlichen Botschaft, im Zeugnis vom Kreuz Jesu Christi, steht die Lehre, dass gerade nicht das Handeln des Menschen das Entscheidende sei, sondern allein das Handeln Gottes. Wir stossen hier wieder auf eine Paradoxie, auf eine Verbindung des für unser Denken Gegensätzlichen und Unvereinbaren. Einerseits soll der Christ sich anstrengen, als ob das Heil von seinen Anstrengungen abhinge; anderseits wird gesagt, dass Gott allein da Heil schaffe und des Menschen Tun nichts vermöge. Einerseits werden an den Menschen die höchsten moralischen Anforderungen gestellt, höhere als irgendwo sonst; andererseits wird gerade die moralische Anstrengung in ihrer

Bedeutung abgewertet und das Vertrauen auf sie als der eigentliche Gegensatz zum Glauben hingestellt.
Wir sind auf dieses Problem gestossen, weil sich das natürliche Denken die Realisierung des göttlichen Weltziels, das Kommen des Reiches Gottes nach Analogie des sinnvollen menschlichen Handelns vorstellt, wie es uns am Beispiel des handwerklichen Tuns deutlich wird. Gewiss ist der Glaube der neutestamentlichen Gemeinde auf das Kommen des Reiches und auf die Vollendung aller Dinge ausgerichtet. Aus diesen Gedanken ergibt sich die Spannung, in der sie lebt. Aber nun zeigt sich, dass dieses Ziel und die Art und Weise seiner Verwirklichung von jenem rationalen Zielgedanken und von der modernen Interpretation des Kommens des Gottesreiches grundverschieden ist. Hören wir nocheinmal den Apostel Paulus. Nur wenige Zeilen nach dem oben zitierten Wort vom Vergessen des Dahinterliegenden und vom Ausstrecken nach dem, was vorne ist, heisst es: «Denn das Reich, in dem wir Bürger sind, ist in den Himmeln und aus ihm erwarten wir auch als Retter den Herrn Jesus Christus, der unsern Leib der Niedrigkeit verwandeln wird, sodass er gleichgestaltet wird seinem Leib der Herrlichkeit vermöge der Kraft (Phil. 3, 20. 21), mit der er auch alle Dinge sich untertan machen kann». Dies bedeutet geradezu eine Umkehrung des uns vertrauten Bildes: nicht eine Bewegung, die von uns aus vorwärts geht und Etappen zurücklegt, bis sie das Ziel erreicht, keine Bewegung die Stufe um Stufe aufsteigt, bis sie den höchsten Punkt erreicht – wie jener Weg Dantes von der Hölle durch das Purgatorium zum Himmel – sondern umgekehrt eine Bewegung, die vom Himmel ausgeht und sich abwärts zu uns hinunter vollzieht, bis sie uns erreicht. Es ist, so erkennen wir

sofort, dieselbe Bewegung, in der der Gottessohn Knechtsgestalt annimmt und gehorsam wird bis zum Tod am Kreuz. Nur heisst jetzt dieser Endpunkt der Bewegung nicht mehr Tod am Kreuz, sondern Auferstehung und Verwandlung unseres Leibes der Niedrigkeit in den Leib der Herrlichkeit Jesu Christi. Wie jene erste Bewegung den Charakter der Einmaligkeit hatte, so auch diese. Wie es jenen «D-Day» gab, an dem die Macht der finsteren Gewalten im Kreuz gebrochen wurde, so wird es einen V-Day geben, an dem jener Sieger aus seiner Verborgenheit in die Sichtbarkeit tritt. Das Neue Testament nennt diesen «victory day» den Tag des Herrn Jesu Christi.

Das also ist der Zielpunkt, auf den das christliche Leben ausgerichtet ist und hinläuft. Von da her verstehen wir den sonst so unverständlich paradoxen Charakter der menschlichen Bewegung, von der wir soeben sprachen. Weil diese Bewegung beides ist, nämlich Anteilnahme am Kreuz Jesu Christi, an seinem Sterben und Zunichtewerden, aber zugleich auch Anteilnahme an der Auferstehung Jesu Christi und an seinem Kommen in Herrlichkeit, ist sie so merkwürdig widerspruchsvoll. Die Christen leben ganz im Blick auf das Zukünftige, ja, sie leben schon jetzt im Zukünftigen. Sie sind ja Bürger des Reiches, das im Himmel ist. Diese Bürgerschaft ist nicht eine blosse Zukunftsvision, sondern eine gegenwärtige Realität. Im Glauben haben sie Anteil an dem, was in den Himmeln ist, und dieser Anteil ist die Kraft, die sie bewegt. Aus diesem Teilhaben strömt ihre Freude, ihre Ruhe in den Stürmen und Gefahren der Zeit, ihre Ausdauer im Laufen auf das gesteckte Ziel hin, ihre Kraft, die über alle Widerstände Herr wird. Trotzdem ist es eine Realität, die in den Himmeln ist und die erst am Tage Jesu Christi vollendet wird.

Der Gehalt dieses Geschehens wird immer wieder und am deutlichsten mit dem Wort Auferstehung wiedergegeben. Der Tag Jesu Christi ist der Tag der Auferstehung. Er lässt sich also nicht schrittweise oder etappenweise erreichen. Zwischen dem Leben des Menschen in seinem sterblichen Leibe und der Auferstehung gibt es keine Übergänge, keine Annäherung. Sie sind durch eine scharfe Trennungslinie geschieden. Man kann nicht ein mehr oder weniger Auferstandener oder Auferstehender sein. Entweder leben wir, wie wir es alle tun, in diesem Leibe des Todes, oder wir sind Auferstandene. Alle Kontinuität vom einen zum andern ist hier ausgeschlossen.

Zweitens ist es ein Geschehen, das ausschliesslich von Gott her, von der andern und nicht von unserer Seite kommt. Dem Menschen gelingt, vermöge der ihm von Gott gegebenen Kräfte viel, aber dieses eine kann er nicht: sich befreien vom Leibe des Todes und sich verwandeln in den Leib der Herrlichkeit Jesu Christi. Auch der ganz vom Glauben und von der Liebe zu Jesus erfüllte Christ kann das nicht. Wohl gibt es schon hier eine Verwandlung, eine geistige Umwandlung, von der es ausdrücklich heisst, dass sie von Tag zu Tag grösser werden solle. Aber diese Umwandlung bleibt diesseits der Grenze des Todes. Es hiesse die Kraft des heiligen Geistes leugnen, wollte man die Wandlung im christlichen Leben bestreiten. Mitsamt dieser Wandlung aber bleibt dieses christliche Leben innerhalb der Grenzen der Diesseitigkeit, der Sterblichkeit, des Glaubens, im Gegensatz zum «Schauen» (2. Kor. 5, 7).

Warum legt die Bibel ein so grosses Gewicht auf diese Kluft zwischen dem Leib des Todes und dem Leib der Auferstehung? Liesse sich nicht denken, dass jene innere Wandlung die

Hauptsache sei, die schon in dieser geschichtlichen Zeit und Existenzform möglich ist, sodass dann die Auferstehung der krönende Abschluss und die allerletzte kurze Wegstrecke des vorher zurückgelegten langen Weges wäre? Das Neue Testament lässt eine solche Interpretation nicht zu. Der Leib des Todes ist nicht eine störende Einzelheit, die dann am Ende ebenfalls in Ordnung gebracht wird. Der Tod ist eine furchtbare und totale Realität, die den Charakter dieser Zeitlichkeit und widerspruchsvollen Geschichtlichkeit bestimmt. Noch einmal wird unser Selbstbewusstsein aufs schwerste vor den Kopf geschlagen. Mit allem, was sich in der Geschichte wandelt und sich noch zum Bessern wenden mag – sei es im Leben des Einzelnen oder in den sozialen Institutionen, den Staaten und den Völkern – bleiben wir doch innerhalb der Grenze, die wir mit Widerspruch, Halbheit, Problematik, Unsicherheit, Zerbrechlichkeit umschreiben müssen.

Der Leib des Todes weist nicht nur auf die Tatsache, dass wir physisch sterben müssen, so gewaltig auch dieses Faktum an sich ist. Es ist wahrhaftig keine Kleinigkeit, dass wir alle sterben müssen, und dass weder unsere wissenschaftlichen noch unsere technischen Fortschritte, noch auch die religiösen und sittlichen Wandlungen aus dem echten Glauben heraus daran das Geringste ändern können. Damit ist jedoch nicht alles und nicht einmal das Wichtigste gesagt. Im Sprachgebrauch des Neuen Testamentes hat der Tod und der Leib des Todes einen viel umfassenderen Sinn. Der Leib des Todes ist die irdischgeschichtliche Existenz als solche, die in ihren tiefsten Grundlagen vom Widerspruch gegen Gott betroffen und darum in sich selbst ein Widerspruch ist.

Auch die Christen, auch die besten, gläubigsten, liebevollsten

Glieder am Leibe Jesu Christi, sind im Leibe des Todes und bleiben dies bis zum Tag der Auferstehung. Das heisst nicht nur, dass auch sie krank und schwach werden, dass auch in ihnen die Todesfurcht heimlich und unausrottbar da ist. Wer dies leugnet, täuscht sich über sich selbst. Es heisst aber zudem, dass auch die Christen den Schatz in irdenen Gefässen tragen und auch bei ihnen das immer wieder verdunkelt wird, was von Jesus Christus herkommt. Auch in ihnen geht ein unablässiger Kampf vor sich zwischen dem, was von oben und dem, was von unten kommt. Auch sie, die im Neuen Testament die «Heiligen» genannt werden, sind Sünder, obschon ihre Sünde tot ist, sofern sie aus Christus leben.

Aber noch ein weiteres ist mit dem Leib des Todes gegeben: die unauflösbare Verbundenheit mit einer Welt, die Gott fern steht und dem Evangelium von Jesus Christus widerstrebt. An diesem Punkt nun zeigt sich der Gegensatz zwischen dem Fortschrittsgedanken und der neutestamentlichen Hoffnung ganz besonders deutlich. Das Neue Testament rechnet nirgends damit, dass im Laufe der Jahre oder der Jahrhunderte die ganze Menschheit christlich werde, sodass der Gegensatz zwischen Welt und Gemeinde schon innerhalb der geschichtlichen Zeit aufgehoben wäre. Es rechnet im Gegenteil damit, dass die christliche Gemeinde dauernd eine Minderheit bleibt und darum der Kampf zwischen den finstern Mächten und den Kräften Jesu Christi fortgeht. Wenn wir den apokalyptischen Bildern des Neuen Testamentes Vertrauen entgegenbringen, so ist die geschichtliche Zukunft, d. h. die Zeit vor dem Tage Jesu Christi von grosser Düsterkeit. Mag auch die christliche Gemeinde sich ausbreiten und an innerer Kraft – was ja immer fraglich bleibt – in der Zukunft stärker sein als in der Vergangenheit, so wachsen doch auch die Mittel, die die Mächte des Bösen in ihren Dienst stellen. Das Bild, das das Neue Testament vom geschichtlichen Prozess bis zum Tage Jesu Christi entwirft, stimmt offensichtlich mit der geschichtlichen Wirklichkeit überein, wie wir sie kennen. Sie steht im schärfsten Gegensatz zu unserem Fortschrittsglauben und zu der Auffassung, dieser Glaube stimme mit der christlichen Auffassung vom Reiche Gottes überein. Das Neue Testament verspricht uns nirgends ein irdisches Friedensreich, ein irdisches Reich sozialer Gerechtigkeit, eine universelle Völkerordnung, die unserem Gerechtigkeitsgedanken wenigstens einigermassen entsprechen würde. Warum nicht? Weil der Leib des Todes eine furchtbare Realität ist. Er ist es für die Christen, die treue Nachfolger ihres Herrn sind. Er ist es aber vor allem für die Welt, die sich Jesus Christus nicht unterwirft. Ja, wir dürfen wohl den Begriff des Antichristen in der Weise auslegen, dass gerade der Gegensatz zu Jesus Christus und zur christlichen Gemeinde in dem Masse wächst, als das Wesen Jesu in der Kirche hervortritt. Gerade die besten Früchte des christlichen Glaubens treiben offenbar auch die widerchristlichen Mächte zu Spitzenleistungen an. Im Blick auf dieses Bild des zeitlichen Geschehens erweist sich alles, was irgendwie vom modernen Fortschrittsgedanken beeinflusst ist, als Utopie, die mit der Wirklichkeit ebensosehr in Konflikt steht, wie sie des biblischen Fundamentes entbehrt.

Und doch kann dieses Negative nicht das letzte Wort sein. Wir reden ja vom Glauben der Gemeinde an die Auferstehung. Wir wissen also, dass das letzte Wort nicht die Welt, nicht das Dämonische, nicht die Sünde und Rebellion der Menschen, sondern allein Gott hat. Uns ist gesagt, dass die Auferstehung Jesu Christi den Grundstein gelegt hat für die Auferstehung der Toten überhaupt. Am Kreuz ist die Entscheidungsschlacht geschlagen worden. Seitdem ist der Ausgang der Weltgeschichte für die, die an Jesus Christus glauben, nicht mehr fraglich, sondern eine freudige Gewissheit, ein beglückendes Ziel aller Hoffnung, das mit dem Glaubensbesitz unzertrennlich verbunden ist. Wer Jesus Christus kennt, bedarf keiner Illusionen und Utopien, um vor der Verzweiflung gerettet zu werden. Illusionen und Utopien sind Strohhalme, an die sich jene halten, die keinen Glaubensgrund haben.

Utopien haben gerade in unserer Zeit eine unheimliche Macht, Menschen zu verführen und vom christlichen Glauben wegzulocken. Es ist darum nötig, noch etwas näher auf das Verhältnis zwischen Utopie und christlicher Hoffnung einzugehen. Die Utopie ist begrenzt durch ihren historischen Horizont. Sie ist darum, aus der christlichen Perspektive gesehen, keine zu grosse, sondern eine zu kleine Hoffnung. Die Hoffnung, die wir in Jesus Christus haben, geht über die Geschichte hinaus. Die Geschichte enthält nicht die Fülle all dessen, was Gott mit uns Menschen vorhat. Geschichtliches Leben ist vergängliches Leben. Geschichtliche Gewinne und Verluste sind vergängliche Gewinne und Verluste. Die biblische Perspektive jedoch ist die Ewigkeit. Im engen Rahmen des zeitlichen und irdischen Lebens kann nichts zur Vollkommenheit gelangen. Die Vollkommenheit und die Fülle, auf die hin uns Gott geschaffen hat, sprengt diesen engen Rahmen. Gottes Liebe wirkt über die Geschichte hinaus, deren Hauptmerkmal ja der Tod ist. Auferstehung bedeutet Sprengung des Rahmens unserer historischen Existenz. So wie Gott als Mensch zu uns

Menschen herabgekommen ist, um uns an seinem Leben teilhaben zu lassen, so will er uns auch an seiner ewigen Liebe und dem ewigen Leben teilhaben lassen. Er will mit uns nicht nur während einer gewissen Zeitspanne Gemeinschaft haben. So wie seine Liebe im Blick auf unsere Sünde unbegrenzt ist, so ist sie auch unbegrenzt im Blick auf den Tod. Wie immer die Geschichte verlaufen mag, so soll doch das Ziel der Geschichte jenseits der Geschichte sein. Dieses Ziel aber ist die Krönung der Schöpfung Gottes und die Verwirklichung des Reiches der Heiligkeit und Liebe im ewigen Leben.
Aus diesen Gründen können Utopien diejenigen nicht verführen, die an Jesus Christus glauben. Sie sind nicht verlockend und nicht glaubhaft für alle jene, die etwas von wahrer Hoffnung wissen. Utopien sind nicht eine Auswirkung wahrer Hoffnung, sondern ein Ersatz für sie und deshalb ein Hemmnis und keine Hilfe. Die Hoffnung in Jesus Christus ist darin von allen Utopien verschieden, dass sie begründet ist in der Offenbarung von Kreuz und Auferstehung, die Gottes Weltenplan enthüllt. Sie ist deshalb nicht eine ungewisse Spekulation über Zukünftiges, sondern eine Gewissheit, begründet in dem, was Gott bereits offenbart hat. Man kann nicht an Jesus Christus glauben, ohne die Gewissheit zu haben, dass Gottes Sieg über alle Mächte der Zerstörung und des Todes der Endzweck ist, auf den die Zeit hinläuft.

Wir kommen zum Schluss. Geschichtliche Offenbarung, der dreieinige Gott, die Ursünde, Christus als Mittler, Auferstehung – dies sind einige der Hauptlehren des christlichen Glaubens und gleichzeitig einige der hauptsächlichen Ärgernisse, die das Evangelium dem modernen Denken bietet. Wenn wir tief genug eindringen in jeden dieser Gegenstände, so sehen wir, dass sie eigentlich nicht verschiedene Lehren, sondern verschiedene Aspekte ein und derselben Wahrheit sind. Die christliche Lehre besteht nicht aus verschiedenen Teilen, sondern ist ein Ganzes. Es ist eine der Aufgaben der systematischen Theologie, dies zu verdeutlichen und den Zusammenhang dessen aufzuzeigen, was auf den ersten Blick als eine Vielzahl von Lehren erscheint. Durch geschichtliche Offenbarung kennen wir den dreieinigen Gott, die Ursünde, das Versöhnungswerk Christi und die Erfüllung des göttlichen Weltplanes im ewigen Leben. Infolge unserer Sünde bedürfen wir der Versöhnung. Es ist der dreieinige Gott, der sich offenbart und uns ihm versöhnt in Jesus Christus. Jede einzelne dieser Lehren weist auf die andere als ihre Ergänzung hin. Jede einzelne unter ihnen kann ohne die andern nicht wirklich verstanden werden. Jede einzelne dieser Lehren ist für den christlichen Glauben nicht nur charakteristisch, sondern schlechthin grundlegend. Keine der nichtchristlichen Religionen und keines der theologischen Systeme der Philosophie vertritt irgendeine dieser Lehren. Sie sind absolut einzigartig, so manche Einzelzüge auch in der nichtchristlichen Theologie verwandte Anschauungen und Analogien finden mögen.

Wir haben zu zeigen versucht, dass die Annahme dieser Lehren nicht die Sache eines autoritären Glaubens, sondern einer existentiellen oder ethischen Entscheidung ist. Sie führen alle zu dem Punkt, an dem der Mensch sich über seine eigene Existenz, seine sittliche Haltung, kurz: über sein Selbstverständnis Rechenschaft geben muss. Sie führen alle zu der engen Pforte, durch die er allein in die wahre Gemeinschaft mit Gott und in das ewige Leben eintreten kann. Sie sind darum nicht bloss Sache einer religiösen Anschauung, die man haben oder auch nicht haben mag. Vielmehr ergibt sich aus ihnen ein grundlegender Unterschied in der Existenzgrundlage zwischen den Glaubenden und den Nichtglaubenden.

Aus diesem Grunde bedeuten alle diese Lehren in der Sicht des natürlichen Denkens dieselbe Torheit und dasselbe Ärgernis des christlichen Glaubens. Eine der grössten Gefahren für das Leben der Kirche in einem demokratischen Land besteht in der Versuchung, das Evangelium in einer Weise zu verkündigen, die dem allgemeinen Volksempfinden nahesteht. Im Kino erwartet das Publikum, dass die Filmgeschichte ein glückliches Ende nimmt; in ähnlicher Weise erwarten viele Predigtbesucher eine Botschaft, die angenehm in die Ohren fällt. Tatsächlich ist die Christusbotschaft Freudenbotschaft, aber sie ist es nur für jene, die dürsten nach dem Wasser des Lebens und deren Stolz gebrochen ist. Das Evangelium macht keine Konzessionen an ein weichliches Glücksbegehren, es ist abstossend für alle jene, die in der natürlichen Neigung ihres Denkens und Wollens ihre eigene Tüchtigkeit und Würde vor Gott bestätigt hören möchten. Wie ein roter Faden läuft durch die Bibel der Gedanke, dass Gott denen nahe ist, die gebrochenen Herzens sind, diejenigen aber von sich weist, die stolzen Herzens und hoffärtigen Geistes sind. Das Evangelium macht den Menschen ganz und gar abhängig von Gott, während der Idealismus oder die Mystik dem Menschen schmeichelt und ihm daher natürlicherweise zusagt. Deshalb muss das Evangelium unpopulär sein, und wo immer die Kirche populär wird, muss der Verdacht aufsteigen, dass die Verkündigung sich dem Publikumsgeschmack angepasst und das Evangelium verfälscht haben könnte.

Auf der andern Seite muss allerdings auch gesagt werden, dass sich nicht jedes Ärgernis und jede Torheit auf das Evangelium berufen kann. Christliches Ärgernis ist allein jenes, welches dem Weisen töricht und dem Moralisten ärgerlich ist, und zwar insofern als es Gottes Weisheit und Gottes Gerechtigkeit verkündet. Die Kirche versagt nicht nur dann, wenn sie dieses echte Ärgernis vertuscht, sondern ebenso dadurch, dass sie das Evangelium in eine Sprache kleidet, die es als primitiven Aberglauben erscheinen lässt. Die Schätze der Weisheit Gottes sind in Jesus Christus verborgen. Sie verlangen darum ernstes und tiefes Nachdenken, zu Gottes und nicht zu der Menschen Ehre. Da heute der Mensch von seiner eigenen Weisheit erfüllt ist, kann das Evangelium das Herz des Menschen nicht ohne die Anstrengung eines konzentrierten Nachdenkens gewinnen. Die Christusbotschaft ermutigt weder Gedankenlosigkeit noch moralische Gleichgültigkeit. Es durchbricht den Rationalismus und den Moralismus dadurch, dass es das Denken und das Tun im vollsten Sinn ernst nimmt.

Das Ärgernis des Christentums besteht nur solange, als wir von uns selbst erfüllt sind. Der Glaube an das Kreuz Christi ist für den kein Ärgernis mehr, der die Verderbnis seiner eigenen Weisheit erkannt hat. Für ihn ist das Kreuz die Aufhebung dieser Verderbnis, die ihm die durch die Sünde verfälschte Sicht wieder freigibt. Das Ärgernis des Evangeliums ist göttliche Weisheit für alle, die geheilt worden sind vom verderblichen Glauben an ihre Selbstgenugsamkeit. Das Evangelium bedeutet die Überwindung jenes Zustandes, in dem der

Mensch Herr seiner selbst zu sein glaubt, im Grunde genommen aber von dämonischen Mächten beherrscht ist. Die Christusbotschaft ist der Sieg von Gottes Licht über die Mächte der Finsternis.